0·1·2歳児の たのしい 手作りおもちゃ

横山洋子　いとう・なつこ

チャイルド本社

0・1・2歳児の たのしい手作りおもちゃ

- 4　はじめに
- 5　手作りおもちゃで遊ぼう！
- 6　発達や興味に合ったおもちゃを選ぼう！

いないいないばあ

対象年齢

| 8 | いないいないばあ | いないいないばあ タペストリー | 0 1 2 |
| 10 | いないいないばあ | いないいないばあ パペット | 0 1 2 |

触る・握る

12	触る	わくわくマット	0 1 2
14	触る	にぎにぎアニマル	0 1 2
16	握る	ねずみさんキュッキュッ	0 1 2

転がす・たたく

18	転がす	おめめがキョロキョロ起き上がりこぼし	0 1 2
20	転がす	ゆらゆらジャンボバナナ	0 1 2
22	たたく	トンカンおもしろドラム	0 1 2

付ける・つなげる・重ねる

24	付ける	親子だっこマグネット	0 1 2
26	付ける	青空タペストリー	0 1 2
28	つなげる	クッキー人形つなぎ	0 1 2
30	重ねる	こびとさんタワー	0 1 2

入れる・通す

32	入れる	ニョロニョロへびさん	0 1 2
34	入れる	おうち形お手玉カップ	0 1 2
36	入れる	大好き！乗り物ポケット	0 1 2
38	通す	通して重ねて 輪っかツリー	0 1 2
40	入れる	おうち形ウォールポケット	0 1 2
41	入れる	すっとんコロコロ玉落とし	0 1 2

Contents

引っ張る・引く

対象年齢

42	引っ張る	ばんざい コケコッコー	０１２
44	引っ張る	たまごの中からこんにちは	０１２
46	引く	おはなしクルクル	０１２
48	引っ張る	のびのび☆びよ〜ん	０１２
49	引く	お出かけバス	０１２

水遊び

50	水遊び	キラキラ☆ウォーターボトル	０１２
52	水遊び	水のタペストリー	０１２
54	水遊び	夏のホースライオン	０１２
55	水遊び	プカプカお魚カプセル	０１２

食べ物

56	食べ物	わくわくお弁当	０１２
58	食べ物	くるくるのり巻き	０１２
60	食べ物	くまさんもぐもぐポスト	０１２
62	食べ物	まめまめ５兄弟	０１２
64	食べ物	すいすいドーナツ通し	０１２

パズル

66	パズル	コロコロ絵合わせパズル	０１２
68	パズル	かたちにペタリパズル	０１２
70	パズル	むしむしくん棒立て	０１２
71	パズル	にこにこくるりん	０１２

ごっこ遊び

72	ごっこ遊び	うきうき2ドア冷蔵庫	０１２
74	ごっこ遊び	わくわくガスレンジ	０１２
76	ごっこ遊び	すいすい おそうじごっこ	０１２
77	ごっこ遊び	ふんわりお布団＆おくるみ	０１２
78	ごっこ遊び	お散歩マイバッグ	０１２
79	ごっこ遊び	もしもしスマートフォン	０１２

80 コピー用型紙

 はじめに

　子どもたちのために、楽しいおもちゃを手作りしたいと思われたあなた。ステキです！　そのような大人がそばにいるだけで、子どもたちは幸せですね。

　本書では、身近な材料で簡単に作れるおもちゃを提案しています。それぞれに子どもの興味を引く工夫と、育ちに関するねらいがあります。手作りならではの温かさに加え、色やデザインにも気を配っているので、豊かな感性を育む環境としても力を発揮することでしょう。

　一つひとつに遊び方を示してありますが、子どもは予想を超えた関わり方をするはず。「こうして使わせたい」という枠にとらわれず、危険のない範囲で気の向くまま自由に遊ばせてください。子どもの目が輝いていたら、それはすでに成長に必要な遊びとなっているのです。

　本書をヒントに、オリジナルのアイデアもプラスして、作り方・遊び方などをアレンジしてもよいですね。あなたと子どもたちの笑顔あふれる"時"が演出されますよう、心から応援しています。

千葉経済大学短期大学部こども学科教授　横山洋子

遊び方と配慮

手作りおもちゃで遊ぼう！

0・1・2歳児は発達が著しく、また個人差も大きな時期です。
興味があることや、できることがどんどん変わっていきます。
子どもに合わせた遊び方で誘いましょう。

遊び方

ひとつのおもちゃでも、遊び方はいろいろ！

本書で紹介しているおもちゃには、
「入れる」「通す」「付ける」「つなげる」など
主な遊び方を表示していますが、アレンジは無限大！
子どもは、ひとつのおもちゃから
いろいろな遊び方を生み出していきます。

だから、長く遊べる！

まだ早いかなというおもちゃでも
触ったり並べたりしているだけで楽しめるものも。
シンプルなおもちゃは、
他のおもちゃと組み合わせたり
見立て遊びをしたり、ごっこ遊びをしたりと
発想が広がっていきます。

例えば…

P34
「おうち形
お手玉カップ」なら

握ったり振ったり
するだけでも楽しい

カップの中に
お手玉を入れて
遊ぶ

上からポトンと
落としてもおもしろい

配慮

おもちゃを手作りするときのポイント

・0〜1歳児は何でもなめて確かめてみるので、
　材料や人形のほおを色づけするクレヨンなどは口に入れても安全な物を使用して。
・誤飲や思わぬけがを防ぐため、パーツはしっかり付けましょう。
・動作や力のコントロールが難しいので、予想外の関わりをすることも。
　丈夫に作り、鋭利な部分がないようにしましょう。

おもちゃで遊んだあとは

・子どもが持って遊ぶおもちゃは、定期的に消毒しましょう。

おもちゃの選び方

発達や興味に合ったおもちゃを選ぼう！

子どもの発達や興味に合ったおもちゃは、心身の発達を促します。
個人差の大きな時期なので、下記の月齢を参考にしながら、
子どもの様子をよく見て、楽しく遊べるおもちゃを選びましょう。

2〜4か月くらい
「見る・聞く・触る」

優しい音や動きのあるおもちゃを選びましょう。
にぎにぎなど、子どもが触れるおもちゃなら、
軽くて柔らかいものを。

 0歳

1歳

8〜11か月くらい
「つかむ・離す・入れる・重ねる」

握って動かしたり、つかんで離したりが
できるようになります。
ボールを入れて落としたり、
輪っかを棒に通したりと、
アクションのあるおもちゃが楽しい！

5〜7か月くらい
「握る・たたく・崩す」

お座りができて、両手を自由に
動かすことができるようになる時期。
感覚を育んでいく時期なので、さまざまな
感触が楽しめるおもちゃがおすすめ。

1歳〜
「全身を使う・まねっこ遊び」
歩き始めると、行動範囲が広がってきます。
押したり引いたりして歩くおもちゃや、
電話、ままごとなど、大人のまねっこ遊びも
楽しむようになります。
知っているものを見つけるのがうれしい時期なので、
動物や乗り物、食べ物など身近な
モチーフのおもちゃもおすすめです。

歳

1歳半〜
「指先を使う・形合わせ」
指先が器用になるに伴い、
つまむ、ひねるなどができるように。
ボタンつなぎやひも通しにも
挑戦してみましょう。
まねっこ遊びも大好きです。

2歳〜
「ごっこ遊び・見立て遊び・組み合わせ」
ごっこ遊びや見立て遊びが楽しくなる時期。
シンプルなおもちゃを組み合わせて工夫したり、
何かに見立てたり、絵合わせなどのちょっと難しい
パズルまで幅広く楽しめます。

いないいないばあ
0 1 2

型紙 P80

めくって楽しむ

いないいないばあ タペストリー

壁やベッドサイドに付けて遊ぶタペストリー。
ねんねの時期から自分でめくれる頃まで長く遊べます。

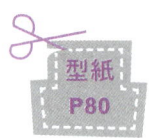

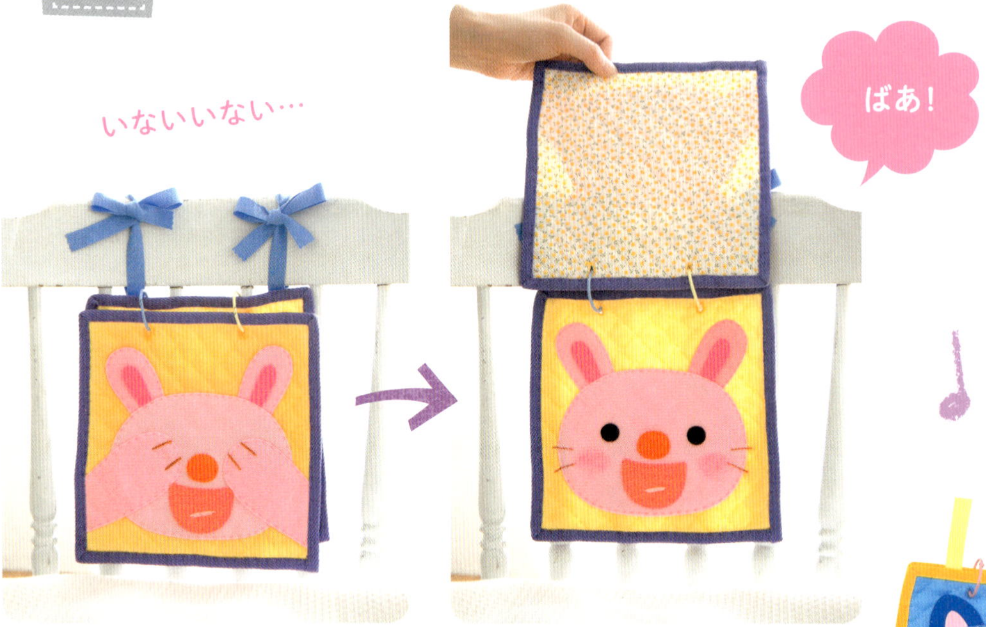
いないいない…
ばあ!

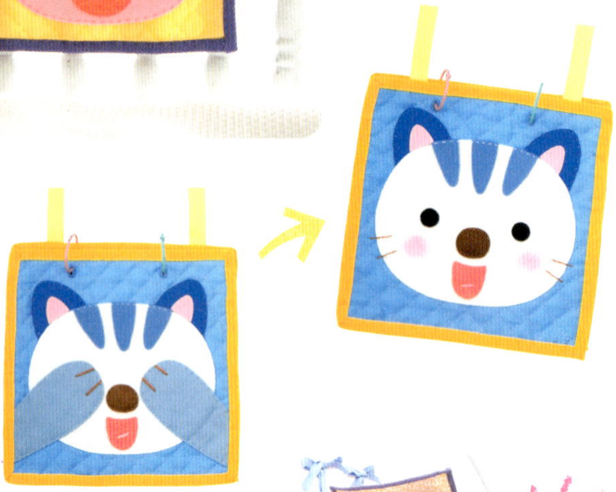

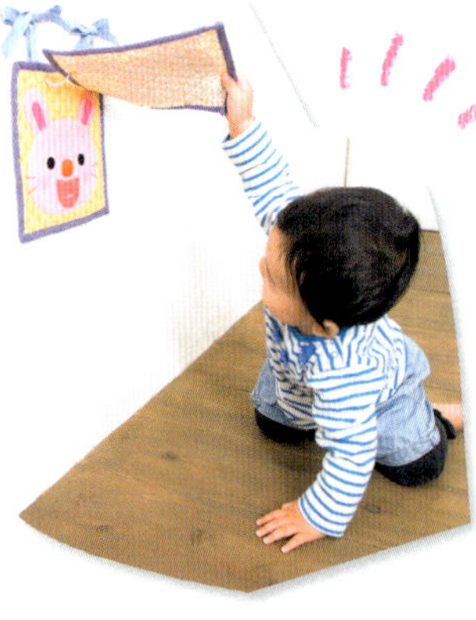

材料

キルティング地の布、バイアステープ、フェルト、
リング、綿テープ、刺しゅう糸

作り方

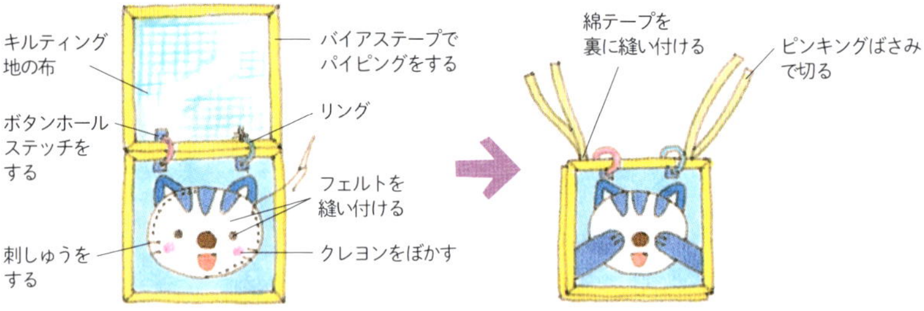
キルティング地の布
バイアステープでパイピングをする
ボタンホールステッチをする
リング
フェルトを縫い付ける
刺しゅうをする
クレヨンをぼかす
綿テープを裏に縫い付ける
ピンキングばさみで切る

うさぎさん いたね

この遊びで育つもの

1枚目をめくり、2枚目の「目」を見ることで、動物の存在を認識できます。それからまた1枚目に戻ると「目」が隠れていることに気づくというふうに、「ある」と「ない」の認識につながります。

お花の中から登場！
いないいないばあ パペット

チューリップの中から女の子が出てくるパペットです。
いないいないばあはもちろん、触れ合い遊びも楽しめます。

型紙 P81

よろしくね♥

お花の中から…

材料

カラー手袋、綿、木綿地の布、レース、毛糸、
リボン、フェルト、大判のフェルト（30cm×30cm）、
刺しゅう糸

作り方

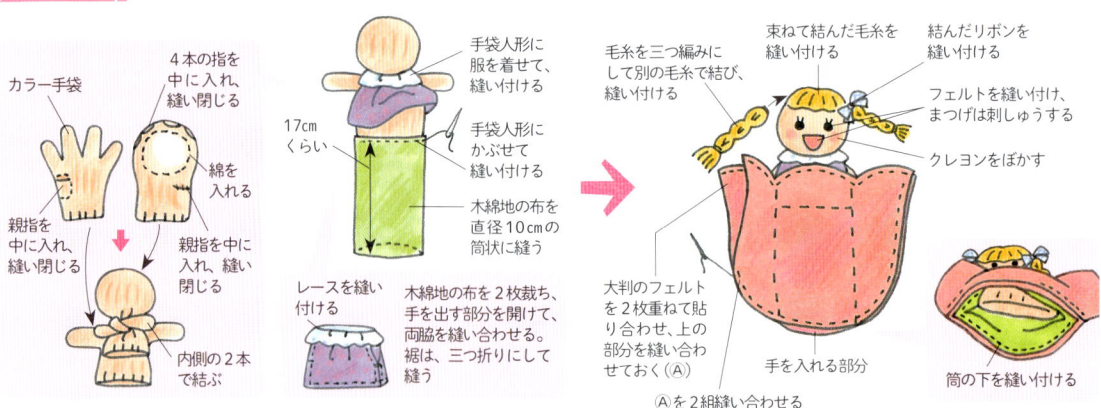

触る 012

型紙 P81

しかけがいっぱい☆
わくわくマット

いろいろな感触が味わえる
楽しいしかけがたくさん！
汚れたら水拭きもOKです。

扉を開くと…

材料

ビニールコーティング地の布、キルティング地の布、フェルト、
綿、綿ロープ、鈴、木目ビーズ、プラスチックのチェーン、毛糸、
リボン、ポンポン付きリボン、木綿地の布、レジ袋、鳴き笛

作り方

〈本体〉
100cm×80cmのビニールコーティング地の布と、キルティング地の布を中表で縫い、表に返して周りをステッチする

21cm / 24.5cm ビニールコーティング地の布とキルティング地の布を中表で縫い、表に返す

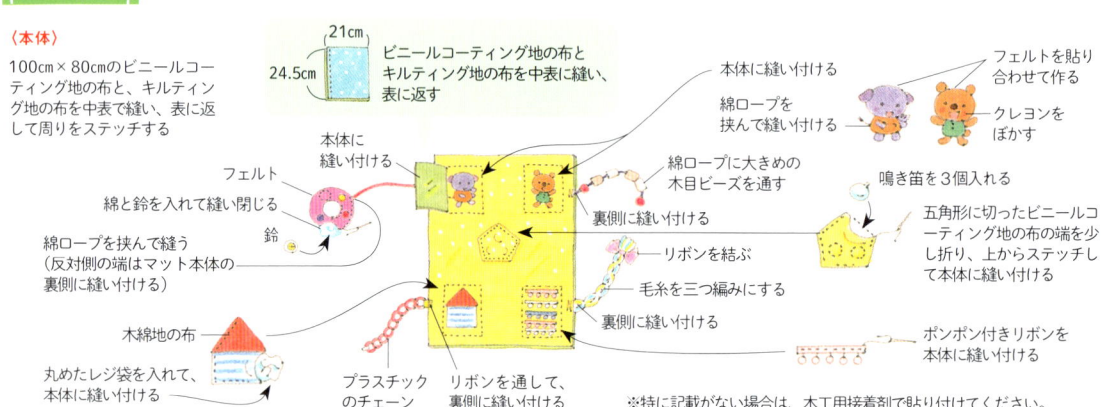

- 本体に縫い付ける
- フェルト
- 綿と鈴を入れて縫い閉じる
- 綿ロープを挟んで縫う（反対側の端はマット本体の裏側に縫い付ける）
- 鈴
- 木綿地の布
- 丸めたレジ袋を入れて、本体に縫い付ける
- プラスチックのチェーン
- リボンを通して、裏側に縫い付ける
- 本体に縫い付ける
- 綿ロープを挟んで縫い付ける
- 綿ロープに大きめの木目ビーズを通す
- 裏側に縫い付ける
- リボンを結ぶ
- 毛糸を三つ編みにする
- 裏側に縫い付ける
- フェルトを貼り合わせて作る
- クレヨンをぼかす
- 鳴き笛を3個入れる
- 五角形に切ったビニールコーティング地の布の端を少し折り、上からステッチして本体に縫い付ける
- ポンポン付きリボンを本体に縫い付ける

※特に記載がない場合は、木工用接着剤で貼り付けてください。

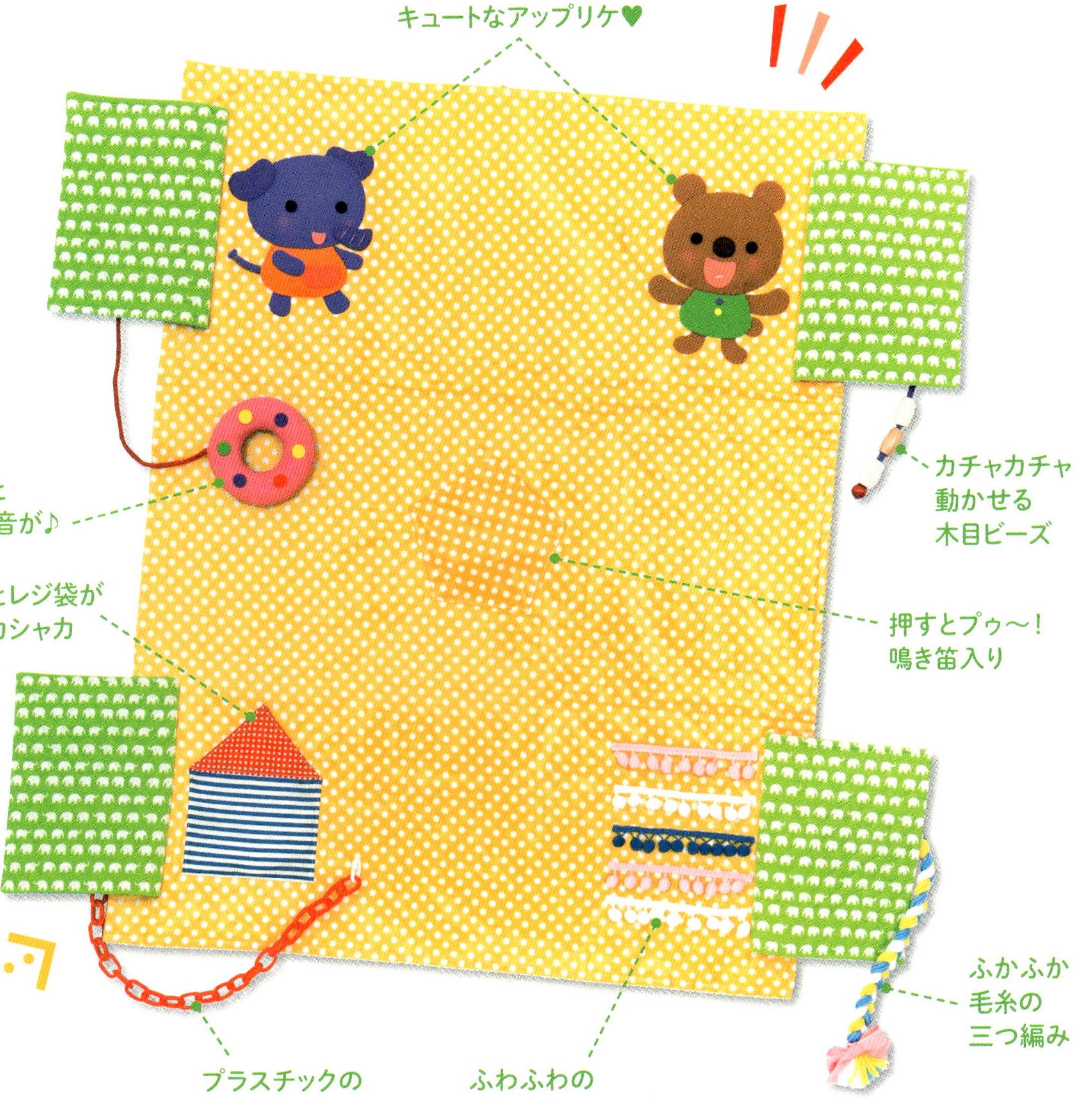

キュートなアップリケ♥

振ると
鈴の音が♪

触るとレジ袋が
シャカシャカ

カチャカチャ
動かせる
木目ビーズ

押すとプゥ〜！
鳴き笛入り

プラスチックの
チェーン

ふわふわの
ポンポン付きリボン

ふかふか
毛糸の
三つ編み

遊びのポイント

「何が出てくるかな？」と声を
かけ、出てきた物をいっしょに
楽しみましょう。

この遊びで育つもの

さまざまな刺激に対して興味をもっ
て関わろうとする気持ちが育ちます。
木目ビーズやポンポン、毛糸などの
手触りの違いに気づいたり、鈴や鳴
き笛の音がすることを知って鳴らそ
うとしたりします。

13

感触の違いを楽しみたい！
にぎにぎアニマル

型紙 P81

肌触りがよく、握りやすい形のかわいいにぎにぎ。
詰める素材で触り心地が変化します。

中身はいろいろアレンジしよう

スポンジ

レジ袋

ビービー弾

ざらざら

材料

ジャージー地の布、ビービー弾、スポンジ、レジ袋、フェルト、綿、綿テープ、刺しゅう糸、ビーズ、綿ロープ

作り方

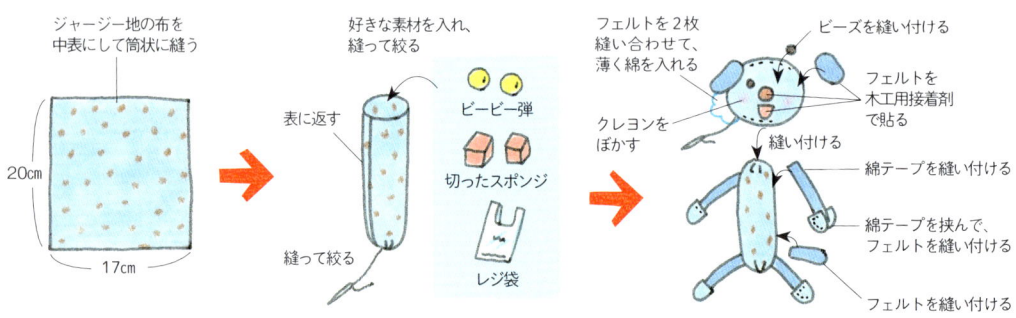

① ジャージー地の布を中表にして筒状に縫う（20cm × 17cm）

② 表に返す／好きな素材を入れ、縫って絞る（ビービー弾／切ったスポンジ／レジ袋）

③ フェルトを2枚縫い合わせて、薄く綿を入れる／ビーズを縫い付ける／フェルトを木工用接着剤で貼る／クレヨンをぼかす／縫い付ける／綿テープを縫い付ける／綿テープを挟んで、フェルトを縫い付ける／フェルトを縫い付ける

※ぶたやねこも同様にして作ります（ねこのひげ、口、ぶたの鼻は刺しゅうする）。

※ねことぶたの耳は顔に挟んで縫います。

この遊びで育つもの

中身の素材による感触の違いを感じる力を育みます。

ふわふわ

やわらか〜い！

♪

シャカシャカ

握ると鳴くよ
ねずみさんキュッキュッ

型紙 P82

おなかが押されるとキュッと鳴くねずみさんです。
箱にタイヤを貼るだけで、かわいいバスもできあがり！

材料

フェルト、綿、鳴き笛（じゃばら形タイプ）、綿ロープ、
刺しゅう糸、片段ボール（バスのタイヤ）、
色画用紙（バスのタイヤ）、箱（バスの本体）

ブッブー♪

作り方

- フェルト
- タックを寄せて縫い留め、体に挟んで縫い付ける
- フェルトを縫い合わせ、顔部分に綿を入れる
- じゃばら形の鳴き笛を前後の向き（おなかを押すと鳴る向き）に入れる
- 横から見た図
- 鳴き笛の両側にも綿を入れる
- 目・鼻・口はフェルトを貼る
- 刺しゅう
- クレヨンをぼかす
- フェルトを貼る
- フェルトをかぶせて縫い閉じる
- 綿ロープを縫い付ける
- 結ぶ

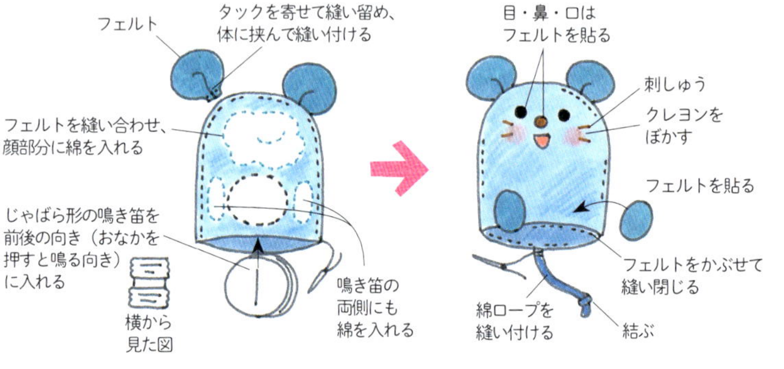

※特に記載がない場合は、木工用接着剤で貼り付けてください。

この遊びで育つもの

ねずみが同じ形なので、色の違いを知るきっかけになります。また、握ると音が出ることに気づいて鳴らそうとする行為は、目的をもった行動の芽生えといえます。

あっちこっちキョロリ
おめめがキョロキョロ 起き上がりこぼし

動くたびに目玉が動く、楽しい起き上がりこぼし。
揺れるとリンリンと鈴が鳴ります。

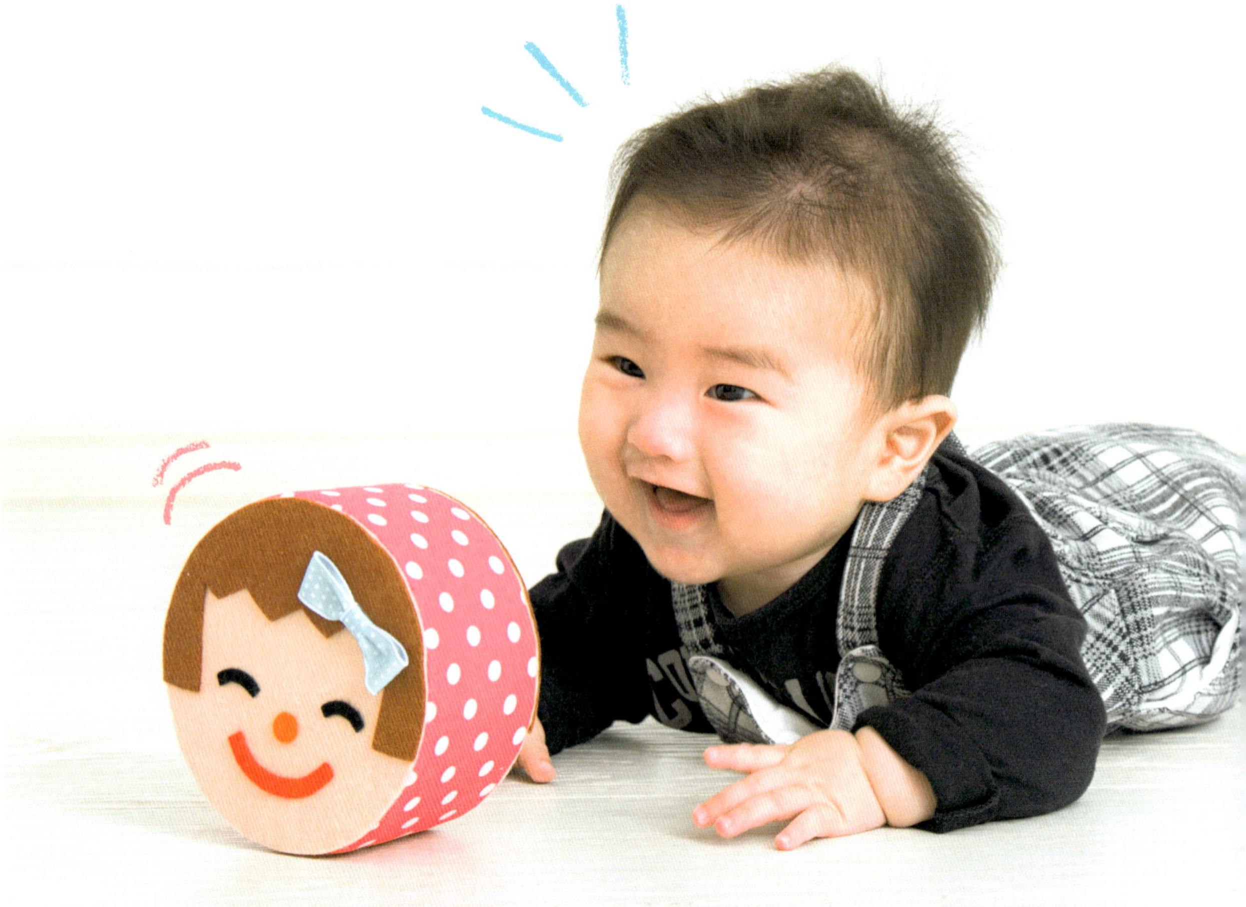

右にキョロリ　　左にキョロリ

裏側は…
ねんねの顔

にっこり顔

材料

丸い缶や箱、油粘土、布クラフトテープ、
鈴（あれば、プラスチックケース入りタイプ）、
木綿地の布、フェルト、動眼、リボン

作り方

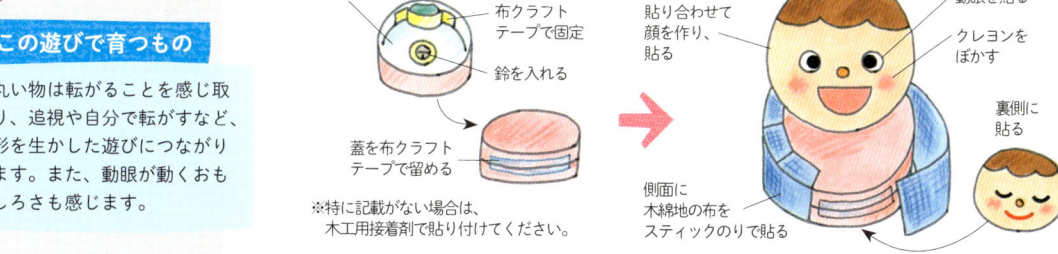

丸い缶や箱　　油粘土を布クラフトテープで固定
鈴を入れる
蓋を布クラフトテープで留める
※特に記載がない場合は、木工用接着剤で貼り付けてください。

フェルトを貼り合わせて顔を作り、貼る
動眼を貼る
クレヨンをぼかす
裏側に貼る
側面に木綿地の布をスティックのりで貼る
※女の子も同様に作り、リボンを貼ります。

この遊びで育つもの

丸い物は転がることを感じ取り、追視や自分で転がすなど、形を生かした遊びにつながります。また、動眼が動くおもしろさも感じます。

転がす
0 1 2

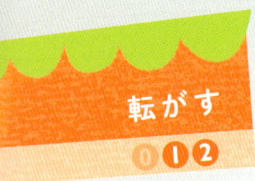

大きくて楽しい！
ゆらゆらジャンボバナナ

型紙 P82

揺らしてみたり、逆さにしてみたり。
置き方を変えるだけで遊び方が広がります。

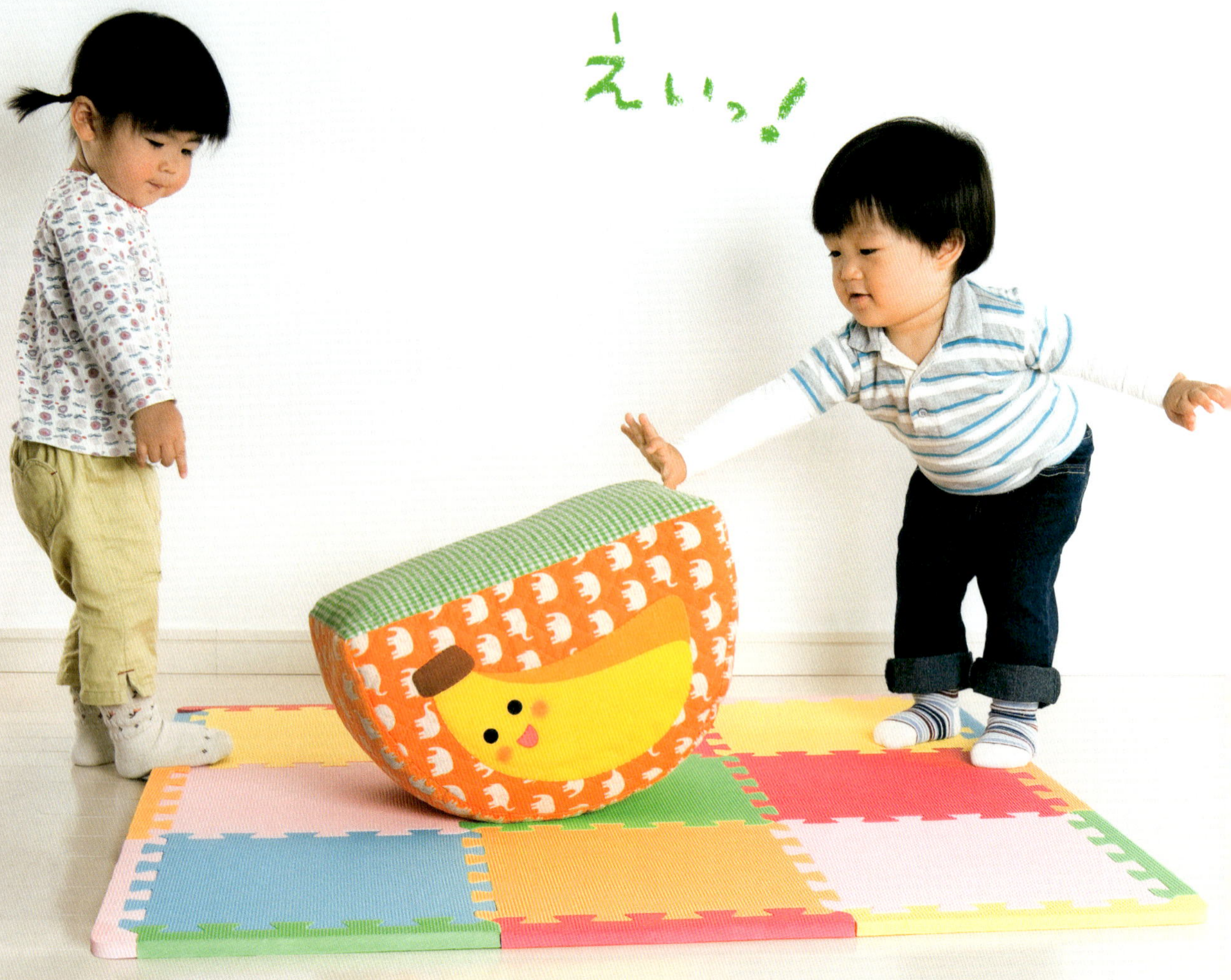

遊びのポイント

長方形の平らな面が上のときは手で揺らして遊びます。乗りたいときは逆向きにしましょう。バナナの面を上にすると、いすにもなります。

この遊びで育つもの

バナナが揺れる様子を楽しみます。また、安定する置き方とゆらゆらする置き方があることを知ります。

逆向きにしても楽しい！

材料

キルティング地の布、フェルト、牛乳パック、新聞紙、布クラフトテープ、エアーパッキング、綿

作り方

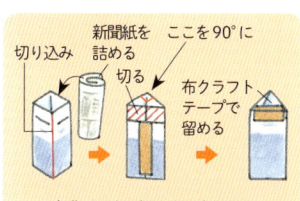

牛乳パックに切り込みを入れて布クラフトテープで留め、二等辺三角形の三角柱にする

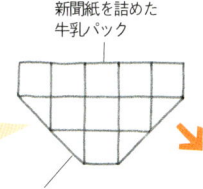

図のように組み合わせ、布クラフトテープなどでしっかり貼る

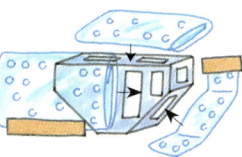

三重になるように折ったエアーパッキングを両面テープと布クラフトテープで貼る

キルティング地の布でカバーを作る
隙間に綿を詰める

フェルトをアップリケする。ほおはクレヨンをぼかす
縫い閉じる

たたく 0 1 2

どんな音がするかな?
トンカンおもしろドラム

型紙 P83

ミルク缶やプラスチックの容器などを並べてドラムセットに。
それぞれ違う音がして楽しい！

遊びのポイント

「トントン」「カンカン」と子どもがたたくのに合わせて声をかけると子どもと楽しさを共有できます。歌に合わせるのもよいですね。

この遊びで育つもの

さまざまな素材や大きさの違いで、音が異なることに気づきます。狙った場所にスティックを当てるという手指の巧緻性も身についてきます。

材料

ミルク缶、プラスチックの容器やバケツ、ストッカー、キャンディーポット、段ボール板、色画用紙、包装紙、リボン、鈴、ボンテン、シール、片段ボール、割り箸、木綿地の布、綿、ビニールテープ

作り方

〈本体〉
- 段ボール板に色画用紙を貼る
- 色画用紙や包装紙を貼る
- 穴を開けて、鈴を付けたリボンを結ぶ
- 貼る
- 片段ボールを巻き、支柱を作る(両端は、切り込みを入れて広げ、貼りやすくする)

段ボール板に色画用紙を貼って土台を作り、ドラムにする物を組み合わせてしっかり貼る
- ミルク缶に色画用紙を巻き、シールを貼る
- プラスチックの容器にシールを貼る
- ボンテンを入れる

〈スティック〉
- 綿を木綿地の布で包む
- 割り箸
- ビニールテープで留める
- ビニールテープを巻く
- ビニールテープを巻く
- 割り箸
- ビニールテープを巻く

 付ける 012

だっこでペッタン♪
親子だっこマグネット

 型紙 P83

ママやパパの上に、赤ちゃんをペッタン！「ただいま」「おかえり」「だっこ」など、お話を作って遊んでも楽しいですね。

材料

料理用バット、マグネットシート、色画用紙、
画用紙、包装紙

作り方

※図書フィルムでコーティングすると丈夫になります。

遊びのポイント

「この子のパパやママはどこかな？」と声をかけ、いっしょに探しながら遊びましょう。

この遊びで育つもの

種類が同じ動物を識別する力が身につきます。また、マグネットがペタッとくっつくおもしろさや逆さにしても落ちない不思議さも味わえます。

付ける 012

付けて、外して、楽しい！
青空タペストリー

型紙 P84

青空に、太陽、雲、風船、飛行機などを面ファスナーでペタリ！
子どもの目線に合わせた高さで、壁に掛けて遊びましょう。

裏側に、面ファスナーを縫い付けます。

遊びのポイント

初めに何も付けていない青空だけを見せ、モチーフを1つずつ出して注目させるとよいですね。

この遊びで育つもの

自分の手で自由に付け外しする楽しさや面ファスナーがくっつくおもしろさを味わいます。

材料

キルティング地の布、綿テープ、木綿地の布、フェルト、綿、モール、刺しゅう糸、面ファスナー

作り方

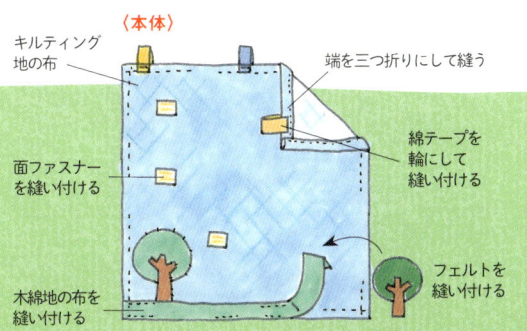

〈本体〉
- キルティング地の布
- 端を三つ折りにして縫う
- 綿テープを輪にして縫い付ける
- 面ファスナーを縫い付ける
- 木綿地の布を縫い付ける
- フェルトを縫い付ける

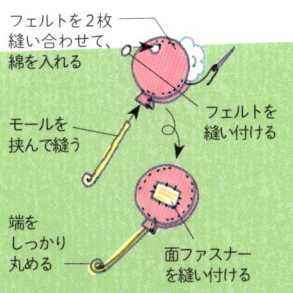

〈風船〉
- フェルトを2枚縫い合わせて、綿を入れる
- フェルトを縫い付ける
- モールを挟んで縫う
- 端をしっかり丸める
- 面ファスナーを縫い付ける

〈飛行機〉
- フェルトを2枚縫い合わせて、綿を入れる
- 面ファスナーを裏に縫いつける
- フェルトを縫い付ける

※他のモチーフも同様に作ります。太陽や鳥のほおは、クレヨンをぼかします。

つなげる 012

おててをつないで仲よし！
クッキー人形つなぎ

ボタンを留めたり外したり、並べてみたり、
ボタンホールに指を入れてみたり。いろいろ遊べてうれしい！

型紙 P84

指をしっかり使ってボタンはめ

大きめのボタンを使い、ボタンホールも少し大きめにしておくと、遊びやすくなります。

かわいい♡

見て〜！

遊びのポイント

「お友達と手をつなごう」とボタンを留めることを促し、つながったら「仲よしだね」などと声をかけましょう。

この遊びで育つもの

ボタンを留めたり外したりする技能が身につきます。つながった達成感も味わうことができるでしょう。

カラフルに作ると楽しい！

並べても楽しい♪

材料

フェルト、ボタン、刺しゅう糸、綿

作り方

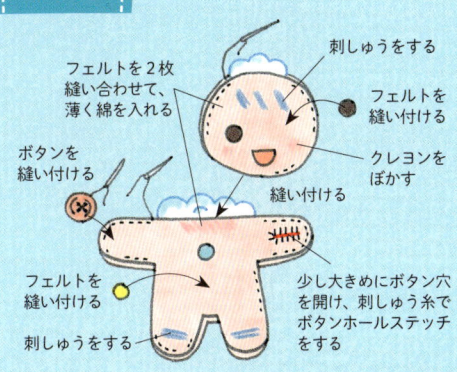

- フェルトを2枚縫い合わせて、薄く綿を入れる
- 刺しゅうをする
- フェルトを縫い付ける
- クレヨンをぼかす
- ボタンを縫い付ける
- 縫い付ける
- フェルトを縫い付ける
- 刺しゅうをする
- 少し大きめにボタン穴を開け、刺しゅう糸でボタンホールステッチをする

重ねる 0 1 2

重ねて、崩して、楽しさいろいろ
こびとさんタワー

型紙 P84

空き缶に鈴などを入れたおもちゃです。
重ねたり、崩したりするほか、転がしたり、並べて倒したりしても楽しい！

そ〜っと、そ〜っとね…♪

この遊びで育つもの

バランスよく重ねて積む、手指の巧緻性が育ちます。また円柱形の物は転がるということも体験を通して知ることができます。

材料

空き缶（小さめのスチール缶）、木綿地の布、フェルト、刺しゅう糸、布クラフトテープ、画用紙、ビービー弾、プラスチックビーズ、鈴、クリップ、消しゴムなど

作り方

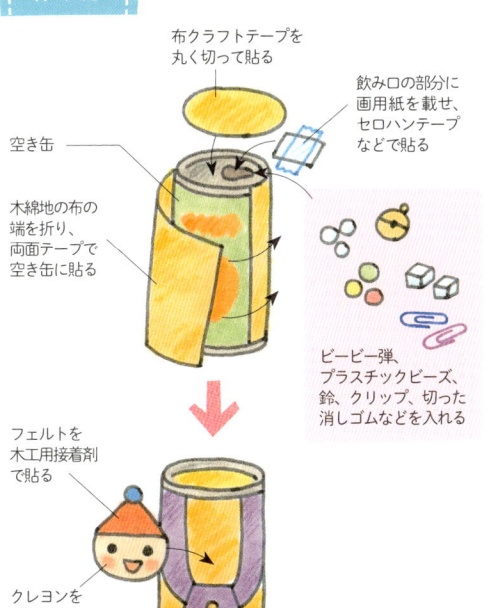

布クラフトテープを丸く切って貼る

飲み口の部分に画用紙を載せ、セロハンテープなどで貼る

空き缶

木綿地の布の端を折り、両面テープで空き缶に貼る

ビービー弾、プラスチックビーズ、鈴、クリップ、切った消しゴムなどを入れる

フェルトを木工用接着剤で貼る

クレヨンをぼかす

31

いろいろな長さで作ろう！

ニョロニョロへびさん

ボールを詰めるのも出すのも楽しい！

入れる ①②

袋状なので、ボールを詰めると立体的に変身。
出すとペタンコになるへびさんです。

材料

ジャージー地の布、フェルト、綿、綿ロープ、留め具、ボール

型紙 P85

作り方

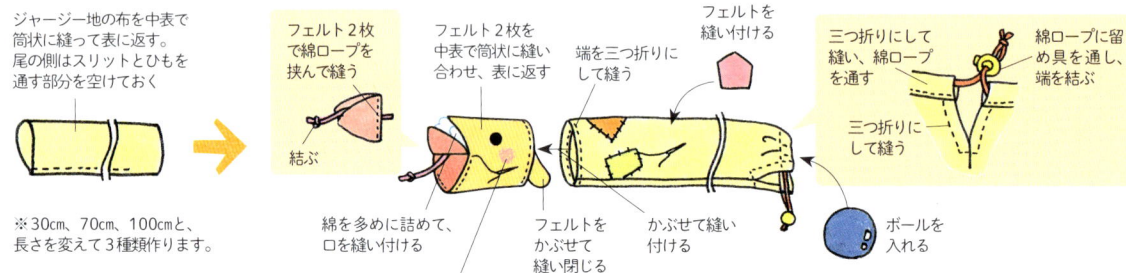

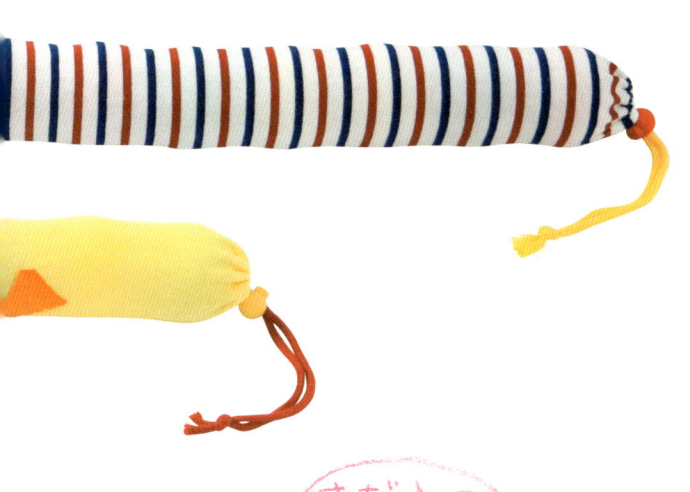

遊びのポイント

初めに保育者が、へびの顔の部分を持ってニョロニョロと登場させましょう。長さを比べて「長い」「短い」という言葉も使うとよいですね。

この遊びで育つもの

ボールを入れたり出したりと、手の巧緻性(こうちせい)が育ちます。また長さの違いにも目を向けられるでしょう。

まだ入っているかな？

へびさん こんにちは♡

巾着袋の要領で、ボールを入れやすいようにスリットを作ります。

入れるのが楽しい！
おうち形お手玉カップ

型紙 P85

屋根の形に並べたカップに、お手玉を入れて遊びます。お手玉は柄を変えて作ると、変化が出ておもしろい！

カップにお手玉を入れてね

遊びのポイント

初めに保育者がお手玉をカップに入れて見せるとよいでしょう。カップの中にお手玉が入る気持ちよさが味わえます。

この遊びで育つもの

「空っぽ」と「入っている」を認識します。数はまだはっきりと認識できるわけではありませんが、「こことここは空っぽ」と全体の中で捉える力が育ちます。

えいっ！

お手玉を並べたり、上から落としたりするだけでも楽しめます。

材料

段ボール板、プリンなどの空き容器、色画用紙、包装紙、図書フィルム、木綿地の布、手芸用ペレット

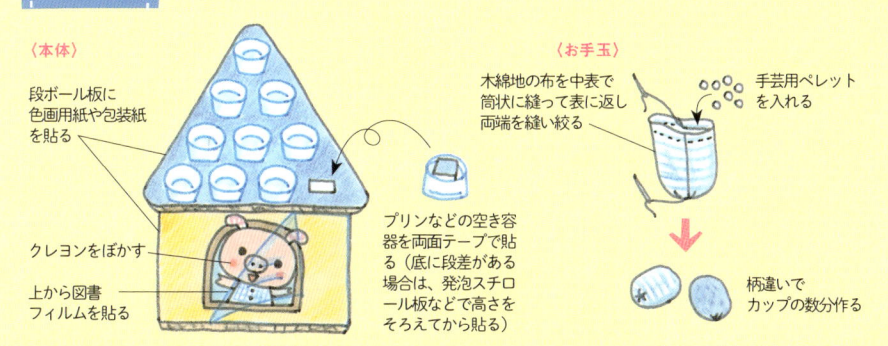

作り方

〈本体〉
- 段ボール板に色画用紙や包装紙を貼る
- クレヨンをぼかす
- 上から図書フィルムを貼る
- プリンなどの空き容器を両面テープで貼る（底に段差がある場合は、発泡スチロール板などで高さをそろえてから貼る）

〈お手玉〉
- 木綿地の布を中表で筒状に縫って表に返し両端を縫い絞る
- 手芸用ペレットを入れる
- 柄違いでカップの数分作る

35

入れる 012

汽車も車も気球も船も♪
大好き！乗り物ポケット

型紙 P85

いぬの人形を乗り物のポケットに入れて遊びます。
リングを付ければ、絵本ふうにも。

ポケットに入れてね！

材料

フェルト、木綿地の布、綿、モール、リング、刺しゅう糸

作り方

〈いぬ〉
- フェルトを2枚縫い合わせて、綿を入れる
- クレヨンをぼかす
- モールを丸めて縫い付ける
- 木綿地の布を2枚重ねて、フェルトの手と尾を挟んで縫う
- フェルトを縫い付ける
- 体と洋服を重ねて、顔に挟んで縫い付ける
- フェルトを2枚縫い合わせて、綿を入れる
- 挟んで縫う

〈乗り物〉
- 穴を開ける（あればレザークラフト用の穴開けパンチを使うときれい）
- フェルトを2枚重ねて、周りをステッチする
- 刺しゅうする
- フェルトを縫い付ける
- ポケットをステッチで縫い付ける

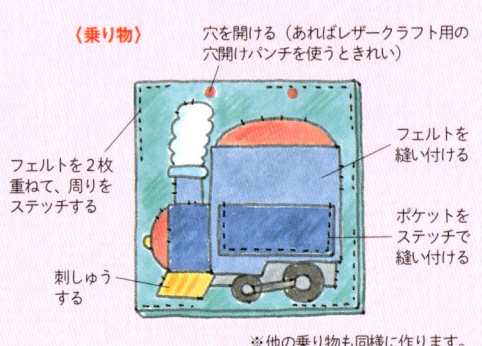

※他の乗り物も同様に作ります。

遊びのポイント

「ポッポー」や「ブッブー」など、乗り物が動く際の音を声かけして楽しい雰囲気を作りましょう。乗り物を動かしてもいいですね。

この遊びで育つもの

乗り物に乗るという疑似体験をします。乗った気分を味わったり、どこかに行きたいという気持ちを抱いたりします。

リングを付けて絵本ふうにもなるよ！

お船に乗りま〜す！

37

通す
0 **1** 2

大きい順に重ねると、もみの木みたい！

通して重ねて 輪っかツリー

輪っかをポールに通して遊びます。
持つたびにリンリン鈴が鳴るのも楽しい！

材料

片段ボール、ビニールテープ、
カラー布クラフトテープ、木綿地の布、綿、
リボン、鈴、段ボール板、色画用紙

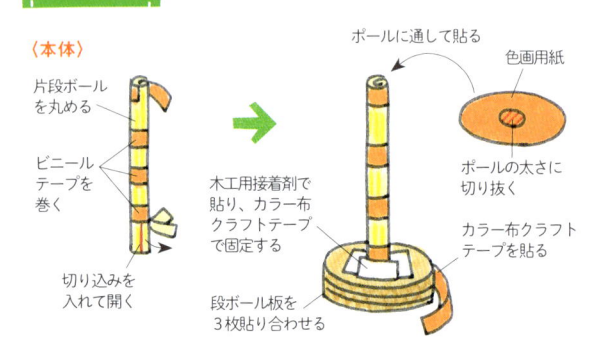

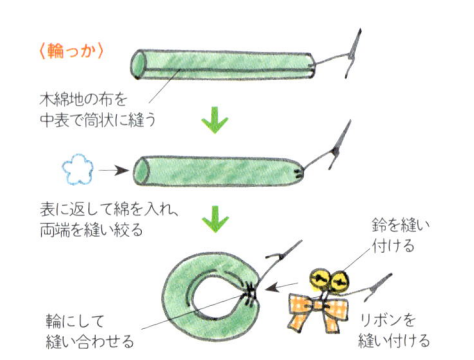

作り方

〈本体〉
- 片段ボールを丸める
- ビニールテープを巻く
- 切り込みを入れて開く
- 木工用接着剤で貼り、カラー布クラフトテープで固定する
- 段ボール板を3枚貼り合わせる
- ポールに通して貼る
- 色画用紙
- ポールの太さに切り抜く
- カラー布クラフトテープを貼る

〈輪っか〉
- 木綿地の布を中表で筒状に縫う
- 表に返して綿を入れ、両端を縫い絞る
- 輪にして縫い合わせる
- 鈴を縫い付ける
- リボンを縫い付ける

38

輪っかの大きさに差をつけて！

入ったよ！

遊びのポイント

手で通すことを十分に楽しんだら、ポールの少し上で輪っかを持ち、両手を離してストーンと落として通すおもしろさを味わいましょう。さらに、少し離れて投げ入れることにもチャレンジ！

この遊びで育つもの

大きい輪、小さい輪、いろいろあることで大きさの違いを感じられます。小さい輪を入れることは難しいですが、ねらいを定める経験になります。

入れる 012	片付けも楽しくかわいく

おうち形ウォールポケット

型紙 P86

遊んだあとは、おうちに収納。決まった場所に入れられるように、屋根と同じ柄のリボンをぬいぐるみに縫い付けて。

リボンと同じ柄の屋根のおうちに入れてね！

まち付きのポケットだから、厚みのあるぬいぐるみもすっぽり！

この遊びで育つもの

色や柄の違いを認識する力が育まれます。また決まった家に戻すということは定位置の意識の芽生えにもつながるでしょう。

材料

キルティング地の布、木綿地の布、フェルト、綿テープ

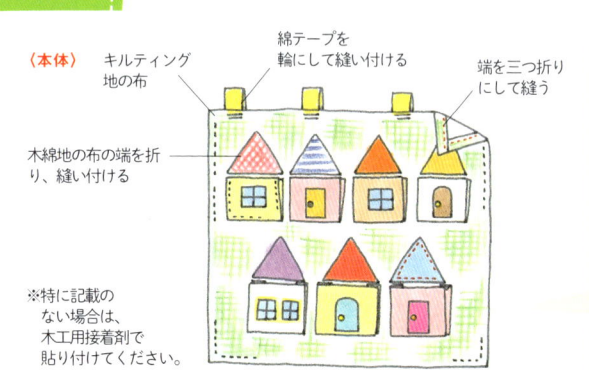

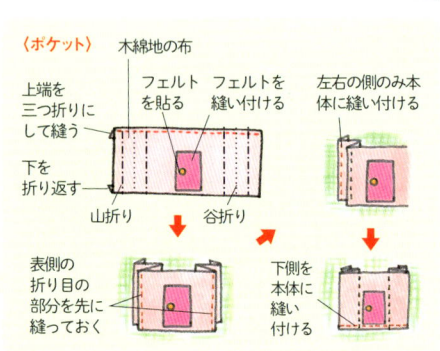

作り方

〈本体〉
- キルティング地の布
- 綿テープを輪にして縫い付ける
- 端を三つ折りにして縫う
- 木綿地の布の端を折り、縫い付ける

※特に記載のない場合は、木工用接着剤で貼り付けてください。

〈ポケット〉
- 木綿地の布
- 上端を三つ折りにして縫う
- フェルトを貼る
- フェルトを縫い付ける
- 下を折り返す
- 山折り
- 谷折り
- 表側の折り目の部分を先に縫っておく
- 左右の側のみ本体に縫い付ける
- 下側を本体に縫い付ける

40

入れる 012

ピンポン玉が転がるよ！
すっとんコロコロ玉落とし

型紙 P86

ピンポン玉を入れると、下から出てきてコロコロコロ。
何度も繰り返したくなるおもちゃです。

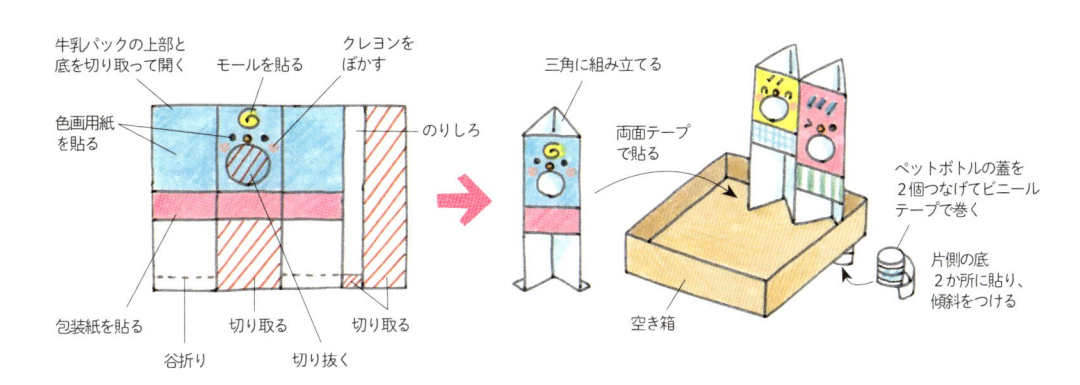

ピンポン玉は上から入れても、口から入れてもOK！

空き箱の底にペットボトルの蓋を貼り、傾斜をつけます。

材料
牛乳パック、色画用紙、包装紙、モール、空き箱、ペットボトルの蓋、ビニールテープ

この遊びで育つもの
高いところから低いところへ向かって物が転がることを体験を通して学びます。

作り方

- 牛乳パックの上部と底を切り取って開く
- モールを貼る
- クレヨンをぼかす
- のりしろ
- 色画用紙を貼る
- 包装紙を貼る
- 谷折り
- 切り取る
- 切り抜く
- 切り取る

- 三角に組み立てる
- 両面テープで貼る
- 空き箱
- ペットボトルの蓋を2個つなげてビニールテープで巻く
- 片側の底2か所に貼り、傾斜をつける

41

引っ張る 012

羽が動くよ
ばんざい コケコッコー

型紙 P86

ひもを引くと、にわとりさんがばんざい！
離すとパッと元どおり。変化が楽しいおもちゃです。

離すと元どおり

パッ

材料

段ボール板、木綿地の布、フェルト、
太めのヘアゴム、綿ロープ、割りピン、
プラスチックリング

作り方

- 段ボール板に木綿地の布を貼る
- 太めのヘアゴム
- 綿ロープを縫い付ける
- 羽を割りピンで留める
- ヘアゴムを挟んで両面テープで貼る
- ヘアゴムに綿ロープを絡ませる
- プラスチックリングを結ぶ

〈羽〉
- 谷折り
- 段ボール板に木綿地の布を貼る

- フェルトを貼る
- フェルト2枚を縫い合わせて貼る
- クレヨンをぼかす
- フェルトを2枚縫い合わせて貼る
- フェルトを貼る

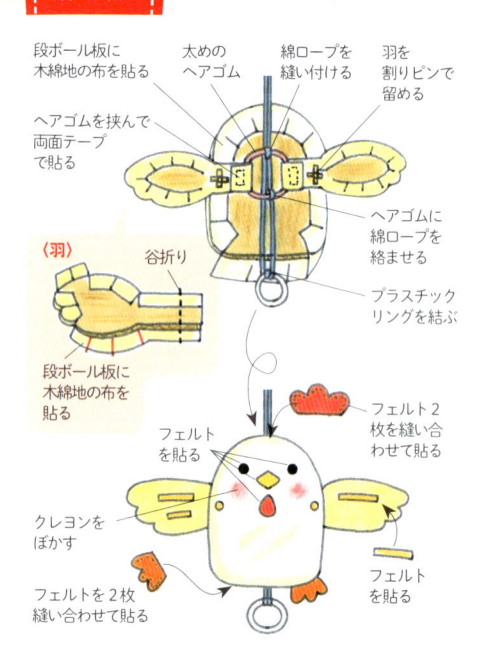

※段ボール板に木綿地の布を貼る場合は、スティックのりで、その他、特に記載がない場合は、木工用接着剤で貼り付けてください。

42

ばんざ～い！

ひもを引っ張ると羽が上がるよ！

えいっ！

この遊びで育つもの

引っ張る動作を意識してできるようになります。また、自分が働きかけることで物が変化する経験になります。

引っ張る 01 2

ひもを引っ張ると…?
たまごの中からこんにちは

型紙 P87

ひもを引っ張ると卵が割れて、ピヨピヨひよこがこんにちは。
ひよこだけかと思ったら…恐竜さんも！

遊びのポイント

ベビーサークルなどに結び付けたり、壁に掛けたりして遊びましょう。まだ自分で引っ張れない子どもには、保育者がひもを引っ張って見せるとよいですね。

この遊びで育つもの

引っ張ることで卵からひよこや恐竜が出てくる意外性やおもしろさを味わいます。自分が働きかけることで物が変化することを知ります。

材料

段ボール板、木綿地の布、フェルト、厚紙、綿ロープ、平ゴム、バックル、鈴、刺しゅう糸、布クラフトテープ

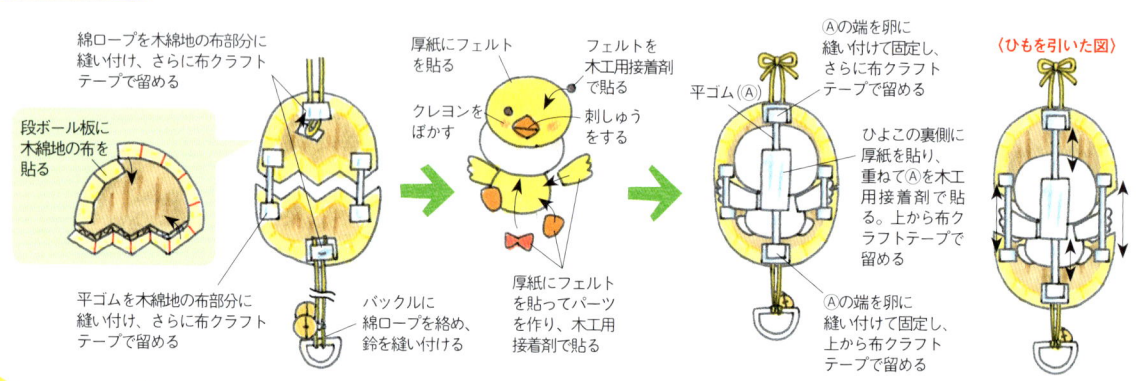

作り方

- 段ボール板に木綿地の布を貼る
- 綿ロープを木綿地の布部分に縫い付け、さらに布クラフトテープで留める
- 平ゴムを木綿地の布部分に縫い付け、さらに布クラフトテープで留める
- バックルに綿ロープを絡め、鈴を縫い付ける
- 厚紙にフェルトを貼る
- フェルトを木工用接着剤で貼る
- クレヨンをぼかす
- 刺しゅうをする
- 厚紙にフェルトを貼ってパーツを作り、木工用接着剤で貼る
- 平ゴム(Ⓐ)
- Ⓐの端を卵に縫い付けて固定し、さらに布クラフトテープで留める
- ひよこの裏側に厚紙を貼り、重ねてⒶを木工用接着剤で貼る。上から布クラフトテープで留める
- Ⓐの端を卵に縫い付けて固定し、上から布クラフトテープで留める

〈ひもを引いた図〉

44

ガオ〜

45

引く 012

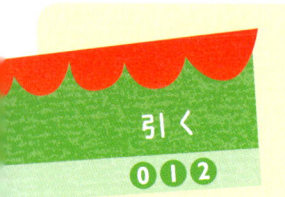

このしっぽは誰かな？
おはなしクルクル

型紙 P87

布を引くと、りんごの木に登っていくおさるさんが登場！
一度に引き出しても、お話をしながら少しずつ引き出しても遊べます。

見ててね！

材料

ティッシュペーパーの空き箱、片段ボール、
菜箸、ビニールテープ、木綿地の布、
デニム地（または厚手の木綿地）、フェルト、綿ロープ、
刺しゅう糸

作り方

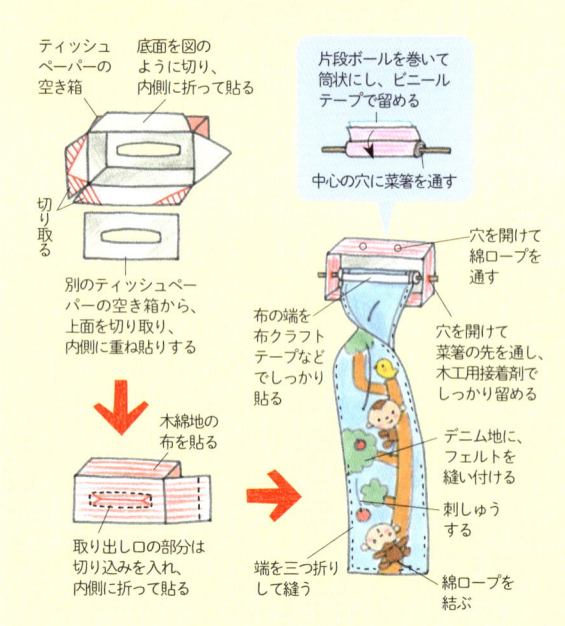

ティッシュペーパーの空き箱

底面を図のように切り、内側に折って貼る

切り取る

別のティッシュペーパーの空き箱から、上面を切り取り、内側に重ね貼りする

木綿地の布を貼る

取り出し口の部分は切り込みを入れ、内側に折って貼る

片段ボールを巻いて筒状にし、ビニールテープで留める

中心の穴に菜箸を通す

穴を開けて綿ロープを通す

布の端を布クラフトテープなどでしっかり貼る

穴を開けて菜箸の先を通し、木工用接着剤でしっかり留める

デニム地に、フェルトを縫い付ける

刺しゅうする

端を三つ折りして縫う

綿ロープを結ぶ

※ティッシュペーパーの空き箱の取り出し口が小さい場合は、布の幅に合わせて切り取り、広げてください。

遊びのポイント

「このひも、何かな？」「誰かのしっぽかもしれないよ」と興味をもって引き出せるように声をかけましょう。りんごの数を数えるのも楽しいですね。

この遊びで育つもの

初めは何かわからなくても、引き出すことで「さる」「木」「りんご」が現れ、認識する力や考える力を育てます。また「おさるさんが木に登っている。そして…」というストーリーを語ることも促します。

このひも、何かな？

引き出すと…

裏側は…

底部分を切り取ってあるので、遊んだあとに巻きやすい！

長〜い！

わ♡

47

引っ張る
0 1 2

伸ばして縮めて
のびのび☆びよ〜ん

両端の輪を握って、びよ〜ん。
ゴムが伸びたり、縮んだりするたびに
ビーズがジャラジャラ動いておもしろい！

この遊びで育つもの
腕の力や背筋を活発に動かします。また、ゴムが伸びたり縮んだりするおもしろさや不思議さも味わいます。

材料
セロハンテープの芯、木綿地の布、エアーパッキング、ビニールテープ、カラーゴム、ビーズ

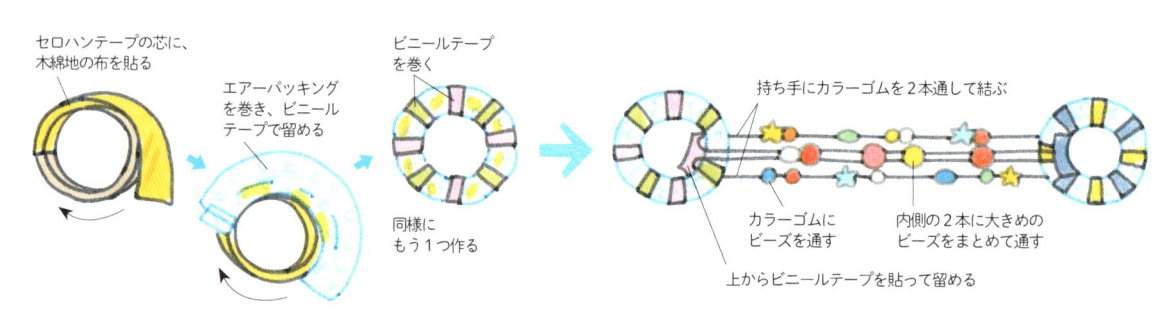

作り方

- セロハンテープの芯に、木綿地の布を貼る
- エアーパッキングを巻き、ビニールテープで留める
- ビニールテープを巻く
- 同様にもう1つ作る
- 持ち手にカラーゴムを2本通して結ぶ
- カラーゴムにビーズを通す
- 上からビニールテープを貼って留める
- 内側の2本に大きめのビーズをまとめて通す

タイヤが回ってスイスイ動く！

引く ❶❷

型紙 P87

裏側は…

筒状にした片段ボールを貼り、中に菜箸を通します。両端にタイヤを貼り付ければ、コロコロ動くしかけの完成！

タイヤは、段ボール板を重ねて厚みを出し、頑丈に作りましょう。

出発〜！

お客さんを乗せて、出発！
お出かけバス

空き箱を利用した簡単バス。
タイヤがコロコロ動くのがポイントです。

この遊びで育つもの
バスの運転手気分を味わいます。人形や荷物を載せて運ぶ満足感も得られるでしょう。

材料
段ボール箱、色画用紙、画用紙、綿ロープ、片段ボール、段ボール板、菜箸、布クラフトテープ

※両輪を付けるのが難しければ箱の両側にタイヤを描くだけでもかまいません。
※タイヤが回るおもしろさを強調したい場合は、タイヤに模様を描くとよいでしょう。

作り方

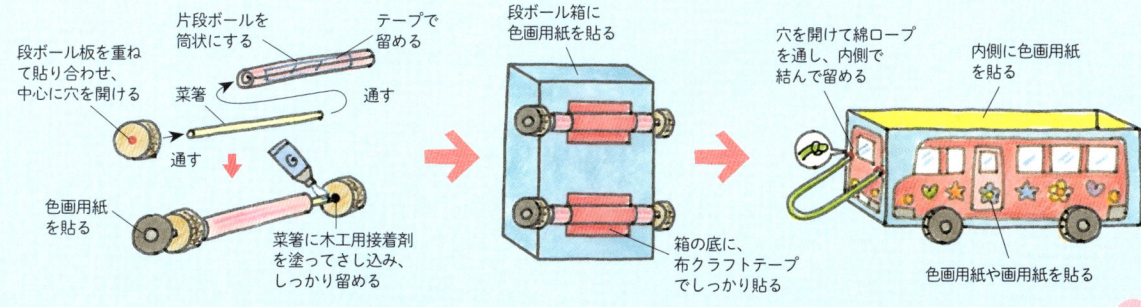

段ボール板を重ねて貼り合わせ、中心に穴を開ける

色画用紙を貼る

片段ボールを筒状にする

テープで留める

菜箸　通す　通す

菜箸に木工用接着剤を塗ってさし込み、しっかり留める

段ボール箱に色画用紙を貼る

箱の底に、布クラフトテープでしっかり貼る

穴を開けて綿ロープを通し、内側で結んで留める

内側に色画用紙を貼る

色画用紙や画用紙を貼る

49

水遊び 012

揺らしたり、並べたり、透かしてみたり
キラキラ☆ウォーターボトル

ボトルを揺らすとビーズやキラキラしたテープが動いてきれい！
洗濯のりを混ぜると、水の動きがゆっくりになります。

キラキラ〜

50

色やサイズ、水の量を
変えて作ると楽しい！

きれいだね

たくさん
並べよう♡

材料

ペットボトル、洗濯のり、食用色素、ビニールテープ、発泡トレー、シール、図書フィルム、キラキラしたテープ、ビーズ、色画用紙、ビニールタイなど

作り方

蓋をビニールテープで留める
ペットボトル
シールを貼る
水と洗濯のりを3対2の割合で混ぜ、食用色素で色づけする
中に入れる

発泡トレーにシールを貼り、上から図書フィルムを貼る
ビーズ
キラキラしたテープ
ビニールタイをリボンにしたり、鉛筆などに巻きつけたりする
色画用紙をクラフトパンチで抜き、図書フィルムを貼る

この遊びで育つもの

水に浮く物や沈む物があることを知ります。また、水の量により重さが違うことを実感します。

水遊び 012

光がキラキラ
水のタペストリー

型紙 P88

水の中をイメージしたタペストリーです。
窓辺に飾っても、外で上からじょうろで水をかけて遊んでも。

モチーフには
図書フィルムを貼って、
耐水性をアップ！

\おさかなさん/

遊びのポイント
光にかざして見たり、保育者が子どもの上で持ち、別の保育者がじょうろで水をかけたりして遊びましょう。

この遊びで育つもの
光にかざしたり水をかけたりすることで、透け感や色の変化、水の心地よさを味わえます。

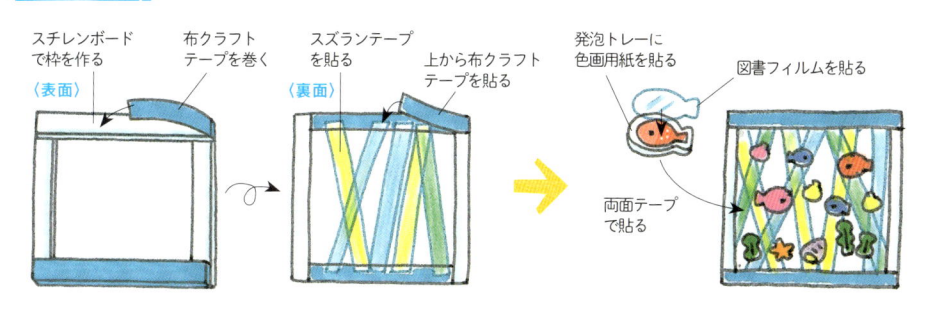

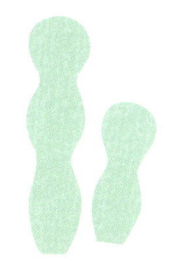

材料
スチレンボード、布クラフトテープ、スズランテープ、発泡トレー、色画用紙、画用紙、図書フィルム

作り方

スチレンボードで枠を作る〈表面〉 / 布クラフトテープを巻く → スズランテープを貼る〈裏面〉 / 上から布クラフトテープを貼る → 発泡トレーに色画用紙を貼る / 図書フィルムを貼る / 両面テープで貼る

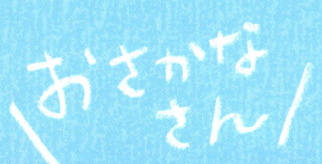

| 水遊び | 0 1 2 |

水のたてがみがピュー！
夏のホースライオン

✂ 型紙 P88

ホースを蛇口に付けて、水を出すと…かっこいいたてがみが！
暑い日に大活躍のライオンです。

この遊びで育つもの
水を出すとたてがみができる不思議さを味わい、水への興味・関心が高まります。

水を出すとたてがみに！

材料
ホース、段ボール板、
布クラフトテープ、ビニールテープ

作り方

- ホースを丸める
- 20cm
- 布クラフトテープで留める
- 先を布クラフトテープでしっかりふさぐ
- 直径20cmの円形に切った段ボール板
- 布クラフトテープで、段ボール板を貼り留める
- 目打ちで穴を開ける
- ビニールテープで耳を作り、布クラフトテープに挟んで貼る
- 布クラフトテープを貼る
- ビニールテープで顔のパーツを作り、貼る

54

水遊び 012

浮かぶ様子がおもしろい
プカプカお魚カプセル

型紙 P88

カプセル容器にフェルトや色画用紙で作ったモチーフを入れて、ビニールテープで留めるだけの簡単おもちゃです。水にプカプカ浮かべて遊びましょう。

材料
カプセル容器、フェルト、色画用紙、ビーズ、ビニールテープ、刺しゅう糸

作り方

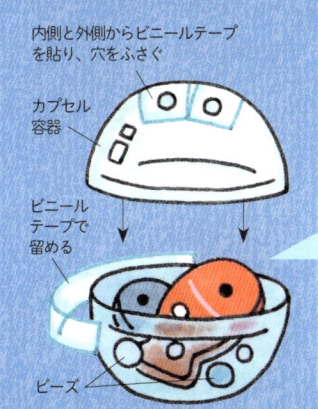

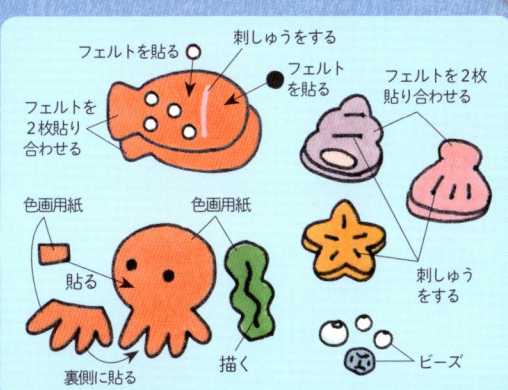

内側と外側からビニールテープを貼り、穴をふさぐ

カプセル容器

ビニールテープで留める

ビーズ

フェルトを貼る
刺しゅうをする
フェルトを貼る
フェルトを2枚貼り合わせる
フェルトを2枚貼り合わせる
色画用紙 貼る
色画用紙
刺しゅうをする
裏側に貼る
描く
ビーズ

この遊びで育つもの
水に浮かべたカプセルを拾ったり、押したり、沈めたり。観察する力や多様な動きが引き出されます。

55

| 食べ物 0 1 2 | 好きな食べ物は何かな？
わくわくお弁当
型紙 P89

おにぎり、えびフライ、いちご、プチトマト……。
子どもたちの好きな食べ物がたくさんそろった、かわいいお弁当です。

- オムレツ
- レタス
- えびフライ
- プチトマト
- いちご
- オレンジ
- いなりずし
- ごはんを詰めてね
- ブロッコリー
- ウインナソーセージ

56

おにぎり

中身は何かな？

パクッ

重ねて重ねて
ハンバーガー

パン、チーズ、
ハンバーグ、レタスを
面ファスナーでペタリ。

遊びのポイント

「いちごだね、食べたことある？」などと声をかけ、一つひとつの食べ物に注目できるようにしましょう。ままごと遊びに使ってもOKです。

この遊びで育つもの

食べ物に興味をもち、お弁当箱から出したり入れたりして親しみます。食べるまねをしながら食べたい気持ちも育ちます。

材料

フェルト、綿、刺しゅう糸、面ファスナー、木綿地の布、蓋付きの空き箱

作り方

〈お弁当箱〉 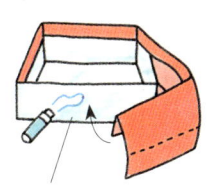
空き箱に、スティックのりで木綿地の布を貼る
（蓋も同様に木綿地の布を貼ります）

〈おにぎり〉
刺しゅう
フェルト
面ファスナーを縫い付ける
フェルトを2枚合わせで縫い、綿を入れる
フェルトを裏側に縫い付ける

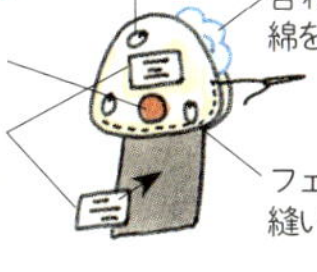

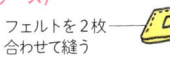

〈いなりずし〉
フェルトを袋状に縫う
入れる
フェルトを2枚合わせで縫い、綿を入れる
刺しゅう

〈パン〉
フェルトを2枚合わせで縫い、綿を入れる
刺しゅう
裏側に面ファスナーを縫い付ける

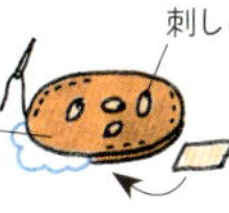

〈チーズ〉
フェルトを2枚合わせで縫う
両側に面ファスナーを縫い付ける

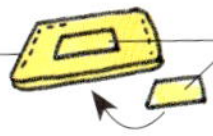

※レタスもチーズと同様に作ります。
※ハンバーグは、2枚合わせで縫い、綿を入れ、両側に面ファスナーを縫い付けます。
※他のモチーフは、全てフェルトを2枚合わせで縫い、綿を入れます。

食べ物 02

本物みたいでおもしろい!
くるくるのり巻き

型紙 P90

具を1本縫い付けておくのが、巻きやすくするポイントです。
巻き終わりは面ファスナーでペタッ!

できた!

この遊びで育つもの

巻くという動作が楽しみながら身につきます。

具を載せて…

のり

すし飯

具

巻いてペタン！

おいしそう〜

材料

タオル、大判のフェルト、フェルト、面ファスナー、綿

作り方

〈すし飯・のり〉

タオルを二つ折りにし、3辺を縫う

大判のフェルト

面ファスナーを縫い付ける

具を縫い目の上に縫い付ける

縫い付ける

フェルトの表側に面ファスナーを縫い付ける

〈具〉

フェルトを筒状に縫い、綿を入れて、両端の面を縫い付ける

※丸、三角、四角の3種類を同様に作ります。

食べ物 ① ②

お口にポトン！
くまさんもぐもぐポスト

かわいいくまさんの口に、食べ物カードを入れて。
もぐもぐ、おいしいね。

型紙 P90

何を食べさせてあげる？

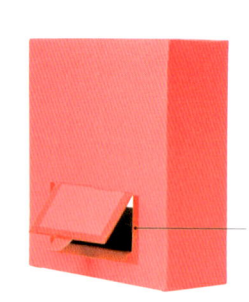

裏側に切り込みを入れて扉を作り、カードを取り出せるようにします。

材料

空き箱、色画用紙、包装紙、布クラフトテープ、
モール、コピー用紙、厚紙、図書フィルム

作り方

〈ポスト〉
- 包装紙
- 空き箱に色画用紙を貼る
- モールを丸めて木工用接着剤で貼る
- 切り抜く
- クレヨンをぼかす
- 切り込みを入れ、切り口に布クラフトテープを貼る
- 布クラフトテープで取っ手を作る

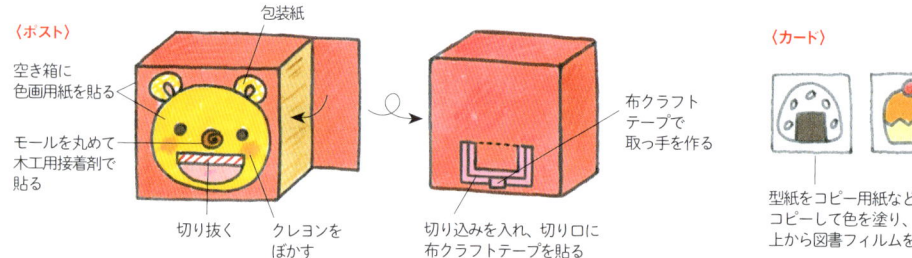

〈カード〉
- 型紙をコピー用紙などにコピーして色を塗り、厚紙に貼る。上から図書フィルムを貼る

遊びのポイント

「くまさんおなかがすいているんだって。何を食べさせてあげようか」と誘いましょう。カードはよく見えるように並べておきます。「もぐもぐ、ごっくん」などと言葉を添えるとよいですね。

この遊びで育つもの

くまさんに食べさせるという意識でカードを入れることで、いろいろな食べ物が認識できるようになります。思いやりの気持ちも育まれます。

にんじん どうぞ

食べ物 012

詰めたり、出したりが楽しい！
まめまめ5兄弟

型紙 P91

さまざまな表情が魅力のえんどうまめ5兄弟は、中に入れる物で感触の違いを出します。綿や鈴、ビービー弾など、いろいろ組み合わせて。

中身が違うと感触が変わるよ

ビービー弾＋鈴のように2種類交ぜても楽しいよ！

この遊びで育つもの

ファスナーを開けたり閉めたりする動作が身につきます。また豆の中の素材により感触の違いを感じ取ることができます。

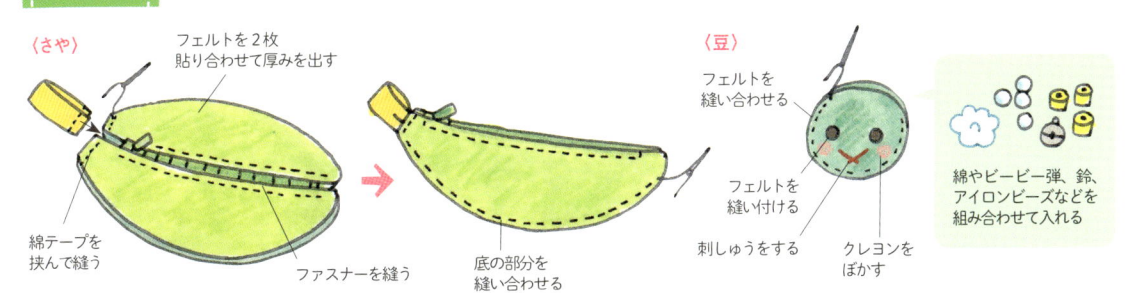

よいしょ

5兄弟を詰め込んだら、ファスナーを閉めて。えんどうまめの完成です！

ふふ

材料

フェルト、ファスナー、綿テープ、刺しゅう糸、綿、鈴、ビービー弾、アイロンビーズなど

作り方

〈さや〉
- フェルトを2枚貼り合わせて厚みを出す
- 綿テープを挟んで縫う
- ファスナーを縫う
- 底の部分を縫い合わせる

〈豆〉
- フェルトを縫い合わせる
- フェルトを縫い付ける
- 刺しゅうをする
- クレヨンをぼかす

綿やビービー弾、鈴、アイロンビーズなどを組み合わせて入れる

|食べ物 012 ❷|

たくさん通そう♪
すいすいドーナツ通し

ドーナツの穴の中に、ひもを通して遊びます。
カラフルなドーナツがかわいい！

型紙 P92

あとちょっと…

遊びのポイント

「穴にひもを通せるかな？」と声をかけます。ドーナツやさんごっこに使っても楽しいですね。

この遊びで育つもの

穴の中にひもを通すことで、手指の巧緻性が高まります。またすべてのドーナツを通し終えると満足感や達成感も味わえるでしょう。

材料

フェルト、綿、ビーズ、刺しゅう糸、綿ロープ、ビニールテープ

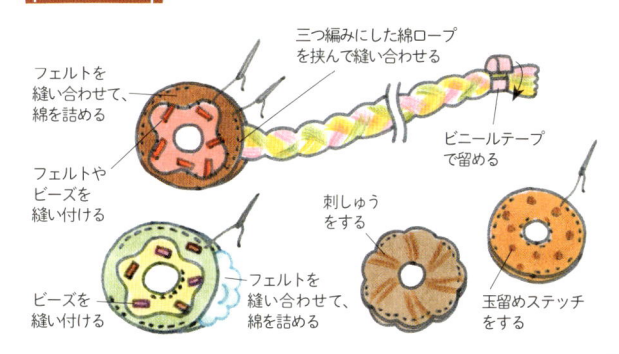

作り方

- 三つ編みにした綿ロープを挟んで縫い合わせる
- フェルトを縫い合わせて、綿を詰める
- フェルトやビーズを縫い付ける
- ビニールテープで留める
- ビーズを縫い付ける
- フェルトを縫い合わせて、綿を詰める
- 刺しゅうをする
- 玉留めステッチをする

できた！

パズル
012

何ができるかな?
コロコロ
絵合わせパズル

牛乳パックで作った4つのさいころの面を組み合わせると1つの絵ができます。

型紙
P92

絵柄は6種類!

66

遊びのポイント

初めに完成したパズルを見せます。そして「あら？ バラバラになっちゃった。もとに戻せるかな？」と誘いましょう。

この遊びで育つもの

絵の全体と部分を認識できます。4つのパーツが一つの絵として見えたときの驚きと満足感は知的好奇心を刺激するでしょう。

何かな？

えっとね…

材料

牛乳パック、新聞紙、色画用紙、画用紙、包装紙、図書フィルム

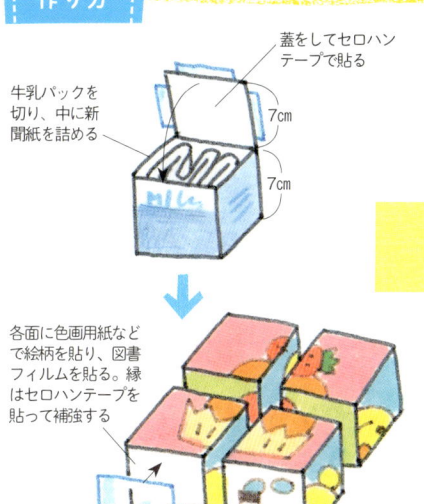

作り方

牛乳パックを切り、中に新聞紙を詰める

蓋をしてセロハンテープで貼る

7cm
7cm

各面に色画用紙などで絵柄を貼り、図書フィルムを貼る。縁はセロハンテープを貼って補強する

67

| パズル ０１❷

同じ形を見つけてね♪
かたちにペタリパズル

✂ 型紙 P93

ステッチの形に合わせて、フェルトのモチーフをペタリ。
面ファスナーの色を統一して少し難しくしてもよいでしょう。

うさぎさんは…ここ♪

🚩 遊びのポイント

タペストリーのようにして子どもの目線の高さで壁に付けると、面ファスナーでくっつくおもしろさをいっそう味わえます。

🚩 この遊びで育つもの

フェルトのモチーフを見ているとき輪郭はあまり意識されませんが、ステッチによって浮かび上がるので、形を認識する力が育ちます。

形に合わせて
ペタリ！

裏側に
面ファスナーを
縫い付けます。

材料

キルティング地の布、刺しゅう糸、面ファスナー、
フェルト、綿

作り方

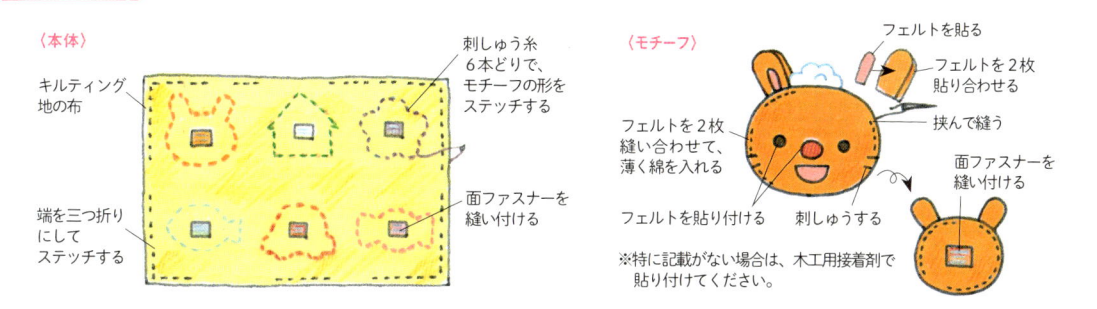

〈本体〉

- キルティング地の布
- 刺しゅう糸6本どりで、モチーフの形をステッチする
- 端を三つ折りにしてステッチする
- 面ファスナーを縫い付ける

〈モチーフ〉

- フェルトを貼る
- フェルトを2枚貼り合わせる
- フェルトを2枚縫い合わせて、薄く綿を入れる
- 挟んで縫う
- フェルトを貼り付ける
- 刺しゅうする
- 面ファスナーを縫い付ける

※特に記載がない場合は、木工用接着剤で貼り付けてください。

69

パズル 0 1 **2**

どの棒が入るかな？
むしむしくん棒立て

穴の大きさに合わせて、棒を入れるおもちゃです。
棒を抜いていくのもおもしろい！

型紙 P93

入ったよ♪

穴の大きさと棒の太さを合わせよう！

材料

牛乳パック、色画用紙、
片段ボール、ビニールテープ

作り方

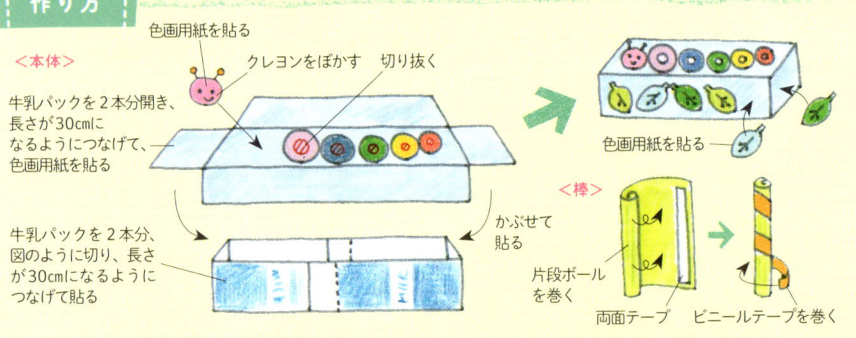

＜本体＞

色画用紙を貼る
クレヨンをぼかす
切り抜く

牛乳パックを2本分開き、長さが30cmになるようにつなげて、色画用紙を貼る

色画用紙を貼る

牛乳パックを2本分、図のように切り、長さが30cmになるようにつなげて貼る

かぶせて貼る

＜棒＞

片段ボールを巻く
両面テープ
ビニールテープを巻く

この遊びで育つもの

棒の太さに着目することができます。Aより太い、Bより細いなど、くらべるということの基礎も身につくでしょう。

70

型紙 P94

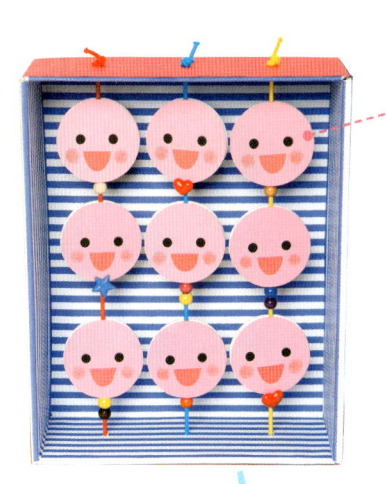

にこにこ顔
ぷんぷん顔
しくしく顔
すやすや顔

パズル 0 1 2

にこにこ顔を
くるりん！

どんな顔かな？
にこにこくるりん

にこにこ顔を回転させると、異なる表情に。
変化が楽しいおもちゃです。

材料
色画用紙、厚紙、ストロー、空き箱、包装紙、カラーゴム、ビーズ

この遊びで育つもの
表情と気持ちのつながりを認識できます。

作り方

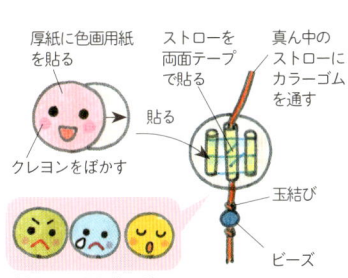

厚紙に色画用紙を貼る
クレヨンをぼかす
ストローを両面テープで貼る
貼る
真ん中のストローにカラーゴムを通す
玉結び
ビーズ
裏側には、別の顔を貼る

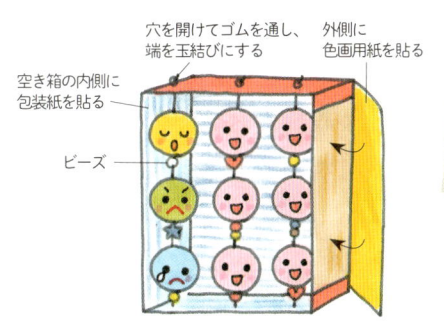

穴を開けてゴムを通し、端を玉結びにする
外側に色画用紙を貼る
空き箱の内側に包装紙を貼る
ビーズ

※ゴムの位置は、箱の底からの距離が顔（丸）の半径よりも近いところにしましょう。
顔が勝手に回転しなくなるので安定します。

71

ごっこ遊び 012

ままごとで大活躍！
うきうき2ドア冷蔵庫

開け閉め自在のドアと、ドアポケットが楽しい冷蔵庫です。

開けると…

ドアが開け閉め自在で楽しい！

ドアは、布クラフトテープでしっかり貼り付けた磁石で開け閉め自在。

ドアポケットは、お菓子などの空き箱で。

材料

飲料水の段ボール箱（2ℓ×6本入り用）、
段ボール板、磁石、お菓子などの空き箱、
デニム地の布（または厚手の木綿地）、
色画用紙、布クラフトテープ

作り方

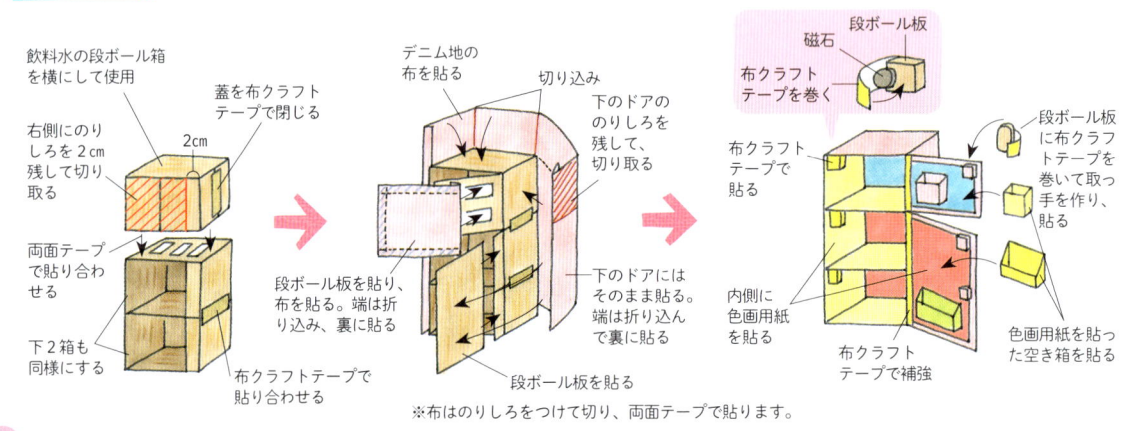

- 飲料水の段ボール箱を横にして使用
- 右側にのりしろを2cm残して切り取る
- 蓋を布クラフトテープで閉じる
- 2cm
- 両面テープで貼り合わせる
- 下2箱も同様にする
- 布クラフトテープで貼り合わせる

- デニム地の布を貼る
- 切り込み
- 下のドアののりしろを残して、切り取る
- 段ボール板を貼り、布を貼る。端は折り込み、裏に貼る
- 下のドアにはそのまま貼る。端は折り込んで裏に貼る
- 段ボール板を貼る
- ※布はのりしろをつけて切り、両面テープで貼ります。

- 磁石　段ボール板
- 布クラフトテープを巻く
- 布クラフトテープで貼る
- 段ボール板に布クラフトテープを巻いて取っ手を作り、貼る
- 内側に色画用紙を貼る
- 布クラフトテープで補強
- 色画用紙を貼った空き箱を貼る

何がいい？

この遊びで育つもの
物の出し入れを自由に楽しむことができ、ごっこ遊びのイメージを広げられます。

ごっこ遊び 0 1 2

お料理大好き！
わくわくガスレンジ

型紙 P94

みんなでいっしょに遊べる便利なガスレンジです。
内側には新聞紙を詰めた牛乳パックを柱として入れ、耐久性も万全に。

両側から使える！

遊びのポイント
「ジュージュー」「コトコト」「いい匂いがしてきたね」など音や匂いを感じられるように声をかけましょう。

この遊びで育つもの
料理をしている気分を味わうことができ、食に対する興味・関心が高まります。

収納できる扉も

材料
飲料水の段ボール箱（2ℓ×6本入り用）、布クラフトテープ、デニム地の布（または厚手の木綿地）、牛乳パック、新聞紙、綿テープ、銀色の紙、色画用紙

作り方

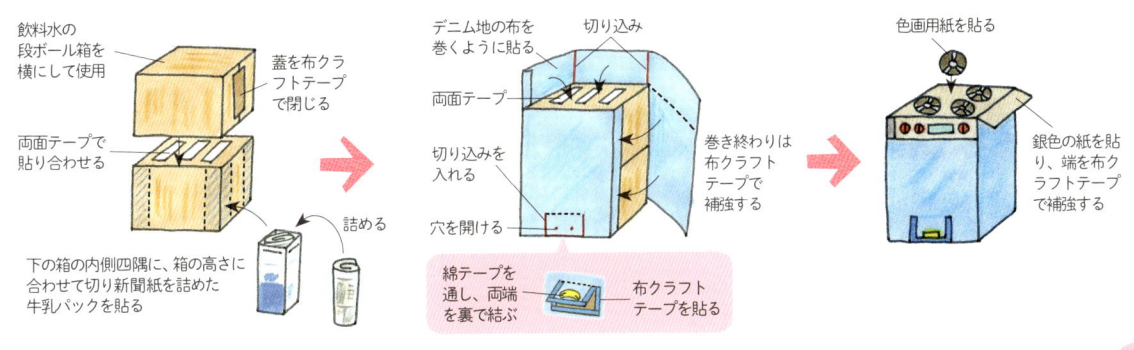

飲料水の段ボール箱を横にして使用
蓋を布クラフトテープで閉じる
両面テープで貼り合わせる
下の箱の内側四隅に、箱の高さに合わせて切り新聞紙を詰めた牛乳パックを貼る
詰める

デニム地の布を巻くように貼る
切り込み
両面テープ
切り込みを入れる
穴を開ける
巻き終わりは布クラフトテープで補強する
綿テープを通し、両端を裏で結ぶ
布クラフトテープを貼る

色画用紙を貼る
銀色の紙を貼り、端を布クラフトテープで補強する

ごっこ遊び 0 1 2

お手伝い気分で
すいすい おそうじごっこ

まねっこが楽しい子どもたちに。
ぴったりサイズ＆かわいいデザインがうれしい！

裏面の汚れが気になる場合には、市販の掃除用シートをピンチで留めてから遊びましょう。

この遊びで育つもの

掃除する大人をまねて、お手伝い気分を味わいます。また、自分たちの環境をきれいにするのは気持ちいいことだと感じられます。

材料

段ボール板、キルティング地の布、片段ボール、フェルト、ボンテン、ビーズ、ビニールテープ

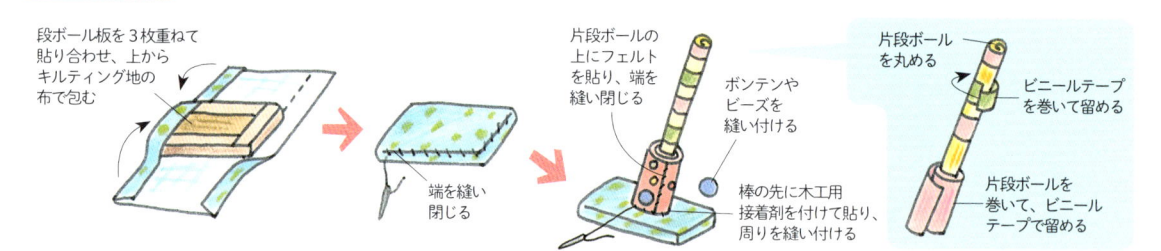

作り方

段ボール板を3枚重ねて貼り合わせ、上からキルティング地の布で包む

端を縫い閉じる

片段ボールの上にフェルトを貼り、端を縫い閉じる

ボンテンやビーズを縫い付ける

棒の先に木工用接着剤を付けて貼り、周りを縫い付ける

片段ボールを丸める

ビニールテープを巻いて留める

片段ボールを巻いて、ビニールテープで留める

ごっこ遊び 012

2WAYでごっこ遊びに大活躍！
ふんわりお布団＆おくるみ

型紙 P94

そのままお布団にしたり、面ファスナーを留めておくるみにしたり。遊びの幅が広がります。

この遊びで育つもの
自分より小さいものに対する思いやりの気持ちを育みます。

材料
キルティング地の布、面ファスナー、レース、フェルト

作り方

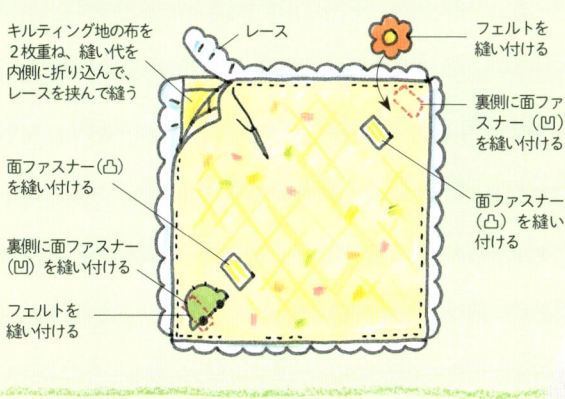

- キルティング地の布を2枚重ね、縫い代を内側に折り込んで、レースを挟んで縫う
- レース
- フェルトを縫い付ける
- 裏側に面ファスナー（凹）を縫い付ける
- 面ファスナー（凸）を縫い付ける
- 面ファスナー（凸）を縫い付ける
- 裏側に面ファスナー（凹）を縫い付ける
- フェルトを縫い付ける

留める向きで、アップリケが変わるよ！

おやすみ♥

よしよし

ごっこ遊び ①②

バケツ形で出し入れ簡単!
お散歩マイバッグ

子どもたちはバッグが大好き!
バケツ形なので、床に置いても自立します。

型紙 P95

この遊びで育つもの

好きな物を持ち歩く、気に入った物を入れて携帯するという楽しさを味わいます。また、物を大切にする心の芽生えを育みます。

材料

フェルト、木綿地の布、紙バンド、厚紙、リボン、ビニールテープ、色画用紙、図書フィルム、包装紙

作り方

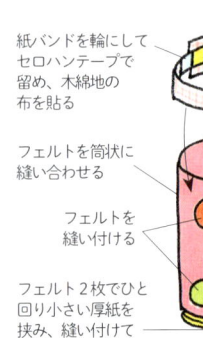

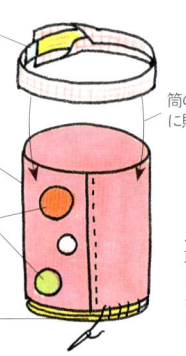

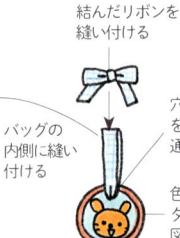

- 紙バンドを輪にしてセロハンテープで留め、木綿地の布を貼る
- フェルトを筒状に縫い合わせる
- フェルトを縫い付ける
- フェルト2枚でひと回り小さい厚紙を挟み、縫い付けて底にする
- 筒の外側に貼る
- 紙バンドにビニールテープを貼る
- バッグの内側に取っ手を貼り、さらにフェルトを貼って縫い付ける
- 結んだリボンを縫い付ける
- バッグの内側に縫い付ける
- 穴開けパンチで穴を開け、リボンを通して輪にする
- 色画用紙や包装紙でタグを作り、図書フィルムを貼る

※特に記載がない場合は、木工用接着剤で貼ってください。

ごっこ遊び 0 1 2

電話もメールも！
もしもしスマートフォン

✂ 型紙 P95

憧れのスマートフォンは、
段ボール板に布を貼って作ります。
少し厚みのあるフェルトのボタンもうれしい！

材料
段ボール板、木綿地の布、
カラー布クラフトテープ、コピー用紙、
図書フィルム、シールタイプのフェルト

この遊びで育つもの
電話をかける気分を味わい、
そこで発話することにより
言葉が育ちます。

作り方

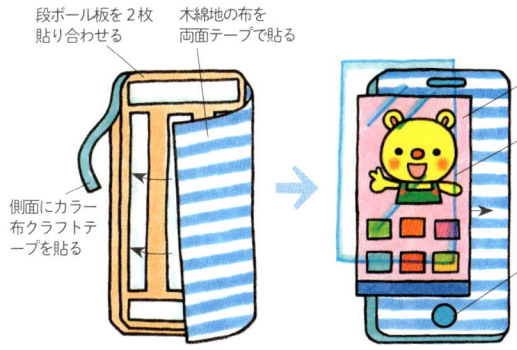

- 段ボール板を2枚貼り合わせる
- 木綿地の布を両面テープで貼る
- 側面にカラー布クラフトテープを貼る
- 型紙をコピーして色を塗り、貼る
- 図書フィルムを貼る
- シールタイプのフェルトを貼る

もしもし
ピピピ

79

コピー用型紙

型紙 P00 が付いている製作物の型紙コーナーです。必要な大きさに拡大コピーをしてご利用ください。

→ **型紙の使い方**

1 作りたい作品の大きさに合わせて拡大コピーをします。

作りたい大きさを決めたら、型紙ページのパーツの左右幅を測ります。
「作りたい大きさの左右幅」÷「型紙ページのパーツの左右幅」＝拡大率

【例】いないいないばあタペストリーを左右20cmの大きさで作りたい場合
20（作りたい大きさの左右幅）÷ 5（型紙ページのパーツの左右幅）＝ 4
4倍の大きさ ＝ 400％で拡大コピーをします。

2 型紙を色画用紙などに写して切ります。

必要な色ごとにパーツに分けて型紙を写します。
ボールペンなどで強くなぞって跡を付けるようにするときれいです。
布のおもちゃの場合は、厚紙に型紙を写して切り取り、それを布の上に置いてチャコペンなどで描くようにします。
また、貼り合わせる場合は、重ねたときに下になるパーツにのりしろを、縫い合わせる場合は縫いしろを付け足すようにしてください。

※作品によっては、縫いしろ分が表記されている型紙もあります。

→ **いないいないばあ タペストリー** [P.8]

うさぎ　1枚目　2枚目

ねこ　1枚目　2枚目

このメッセージが見えるまで開くときれいにコピーすることができます。

→ **いないいないばあ パペット** [P.10]　　→ **わくわくマット** [P.12]

チューリップ

ぞう

ドーナツ

右手　　左手

右足　　左足

五角形

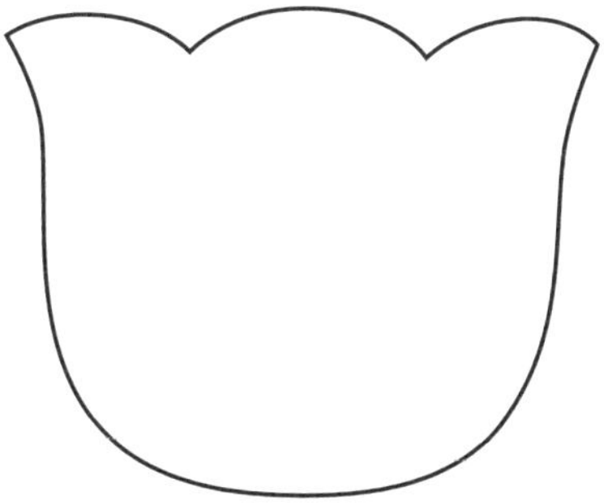

※チューリップは、
　500%に拡大コピーすると
　ちょうどよい大きさになります。

女の子

目
口

洋服

くま

家

顔

右手　　左手

尾

右足　　左足

※目、口、洋服は、400%に拡大コピー
　するとちょうどよい大きさになります。
※洋服は、縫いしろ1〜1.5cmを加えて
　2枚裁ちます。

※五角形、家は、縫いしろ1〜1.5cm
　を加えて裁ちます。

→ **にぎにぎアニマル** [P.14]

ねこ

いぬ

ぶた

顔　　尾

顔　　尾

顔

手・足

手・足

手・足

※手・足は、
　左右共通です。

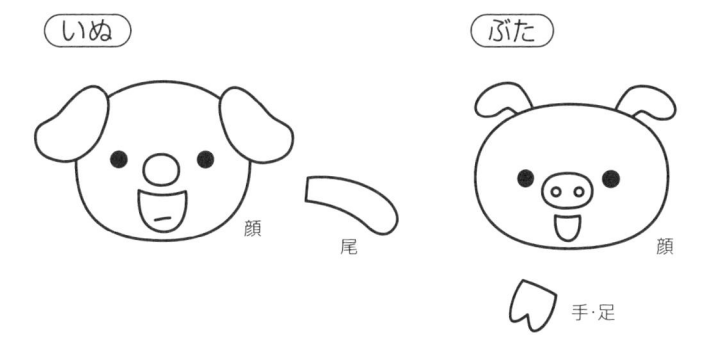

※手・足は、
　ねこと共通です。

※手・足は、
　左右共通です。

このメッセージが見えるまで開くときれいにコピーすることができます。

81

➡ **ねずみさんキュッキュッ** [P.16]　　➡ **おめめがキョロキョロ起き上がりこぼし** [P.18]

(ねずみ)　(バスのタイヤ)　(男の子)

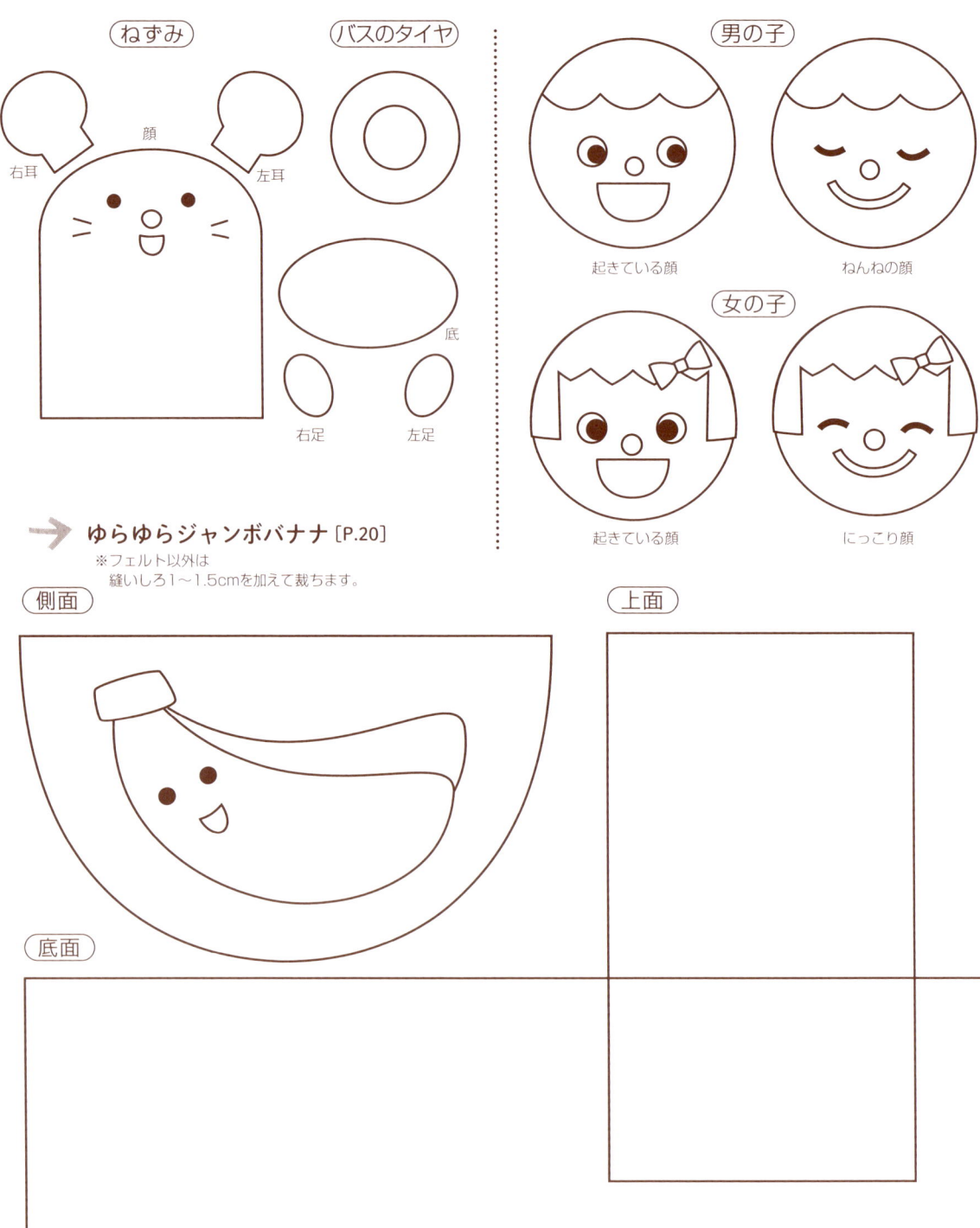

右耳　顔　左耳

起きている顔　　ねんねの顔

底

右足　左足

(女の子)

起きている顔　　にっこり顔

➡ **ゆらゆらジャンボバナナ** [P.20]
※フェルト以外は
　縫いしろ1〜1.5cmを加えて裁ちます。

(側面)　(上面)

(底面)

このメッセージが見えるまで**開く**ときれいにコピーすることができます。

※バナナクッションは、500%に拡大コピーをすると、ちょうどよい大きさになります。

82

トンカンおもしろドラム [P.22]

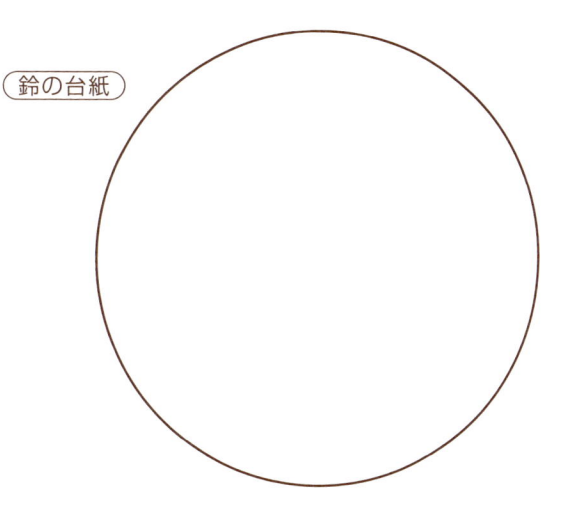

くま　鈴の台紙

親子だっこマグネット [P.24]

うさぎママ　　うさぎ　　ぞうママ

顔／右手／左手／体／右足／左足

ひよこ
リボン／顔／右手／体／左手／右足／左足
帽子
顔のバリエーション

にわとりパパ
顔／右手／左手／体／右足／左足

ぞう
顔／右手／左手／体／右足／左足

このメッセージが見えるまで開くときれいにコピーすることができます。

83

青空タペストリー [P.26]

モチーフ
- 太陽
- 雲
- 飛行機
- ヘリコプター
- 風船
- 鳥

本体
面ファスナーを縫い付ける

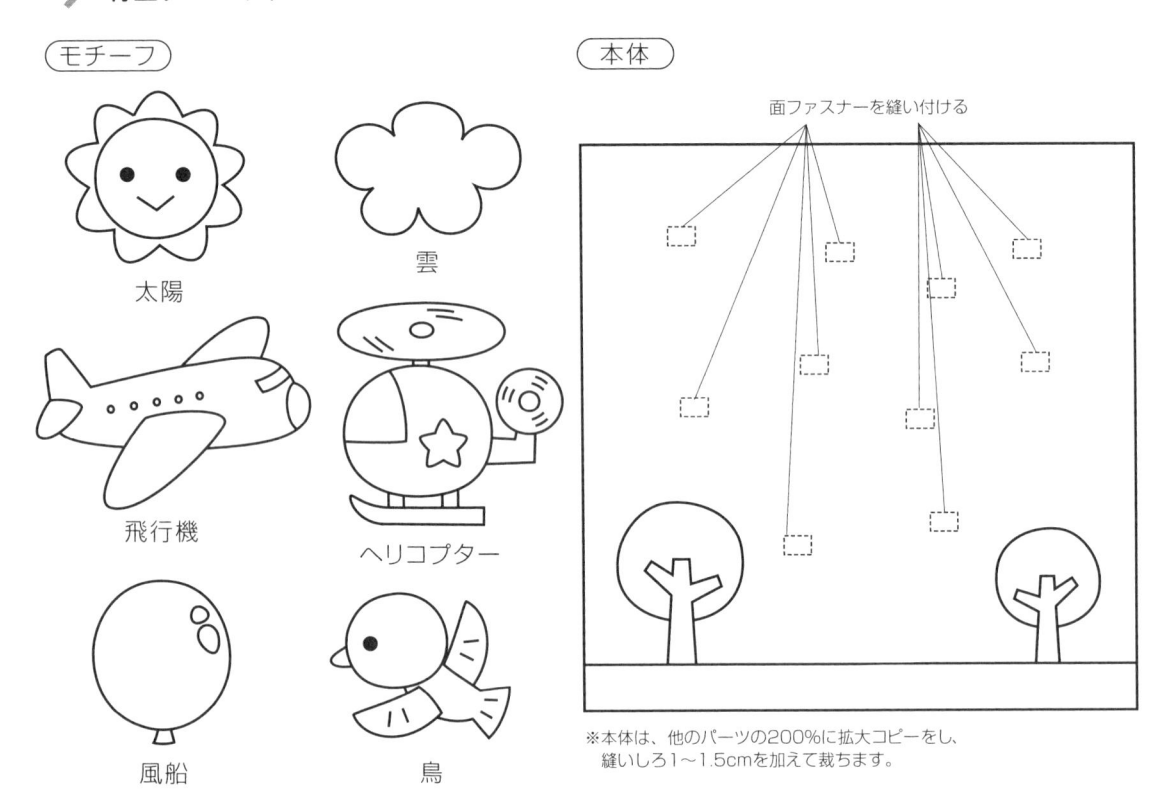

※本体は、他のパーツの200%に拡大コピーをし、縫いしろ1～1.5cmを加えて裁ちます。

クッキー人形つなぎ [P.28]

クッキー人形①
- 顔
- 体
- ボタンを縫い付ける
- ボタンホールステッチをする

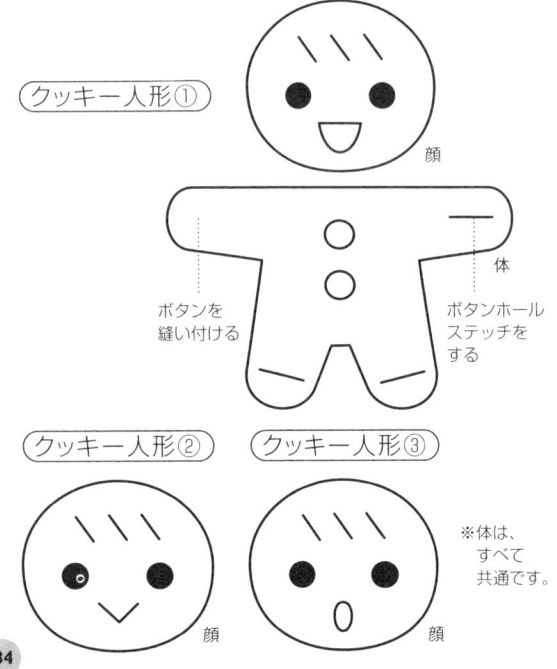

クッキー人形②　顔
クッキー人形③　顔

※体は、すべて共通です。

こびとさんタワー [P.30]

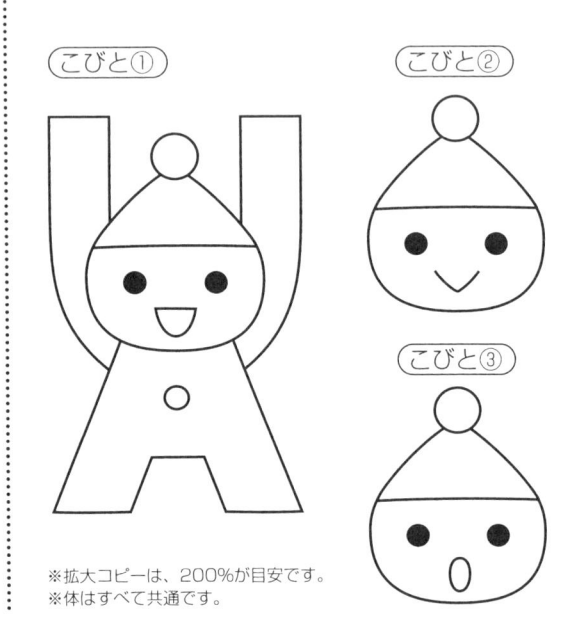

こびと①
こびと②
こびと③

※拡大コピーは、200%が目安です。
※体はすべて共通です。

このメッセージが見えるまで開くときれいにコピーすることができます。

ニョロニョロへびさん [P.32]

（口）

※口は、240%に拡大コピーし、2枚裁ちます。
縫いしろ

（首もと）

※首もとは、240%に拡大コピーをしてください。

（顔）

縫いしろ
縫いしろ

※顔は、240%に拡大コピーし、2枚裁ちます。
※体は幅22cm×長さ（30cm、70cm、100cm）に縫いしろ2cmを加えて裁ちます。

おうち形お手玉カップ [P.34]

（ぶた）

（おうち）

※おうちは、ぶたの200%に拡大コピーをしてください。

このメッセージが見えるまで開くときれいにコピーすることができます。

大好き！乗り物ポケット [P.36]

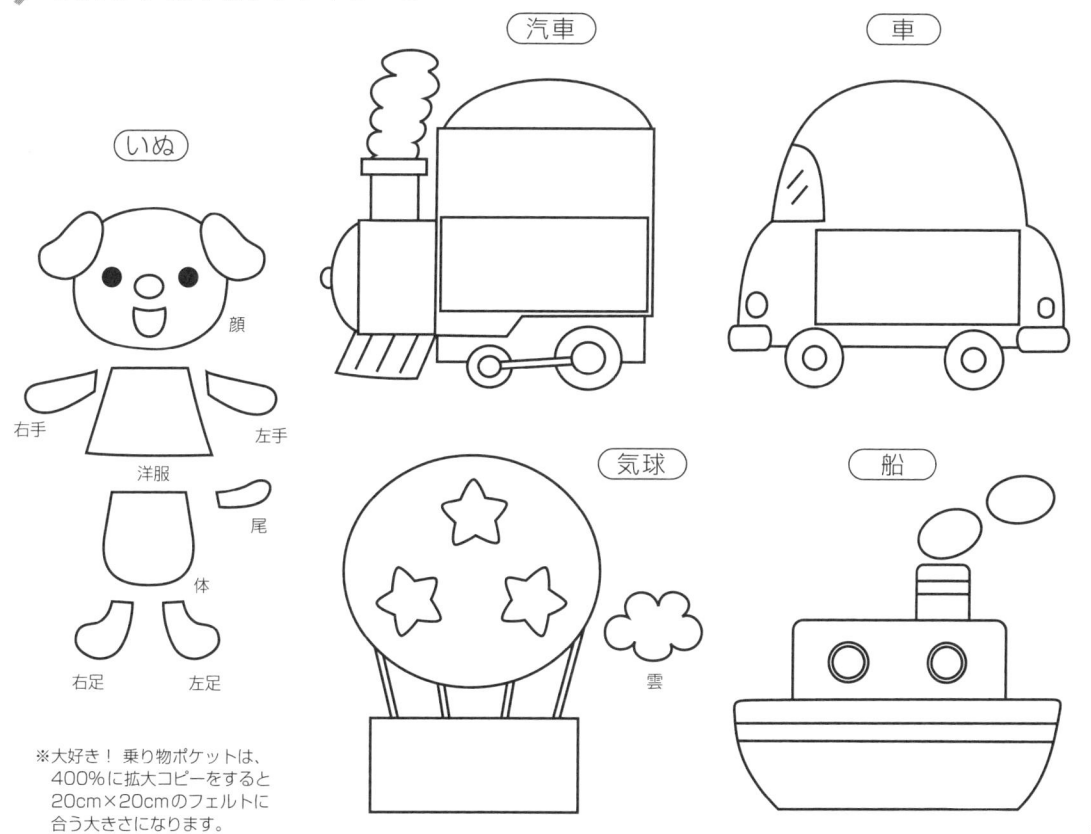

（いぬ）
顔
右手　左手
洋服
尾
体
右足　左足

（汽車）

（車）

（気球）
雲

（船）

※大好き！乗り物ポケットは、400%に拡大コピーをすると20cm×20cmのフェルトに合う大きさになります。

85

→ おうち形ウォールポケット [P.40]

(おうち形ポケット)

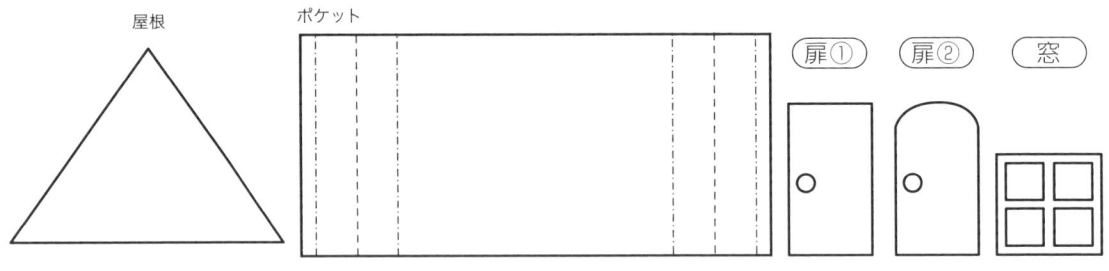

屋根　ポケット　扉①　扉②　窓

※屋根とポケットの上下は、縫いしろ1cmを加えて裁ちます。

------- 谷折り　-・-・- 山折り

→ すっとんコロコロ玉落とし [P.41]

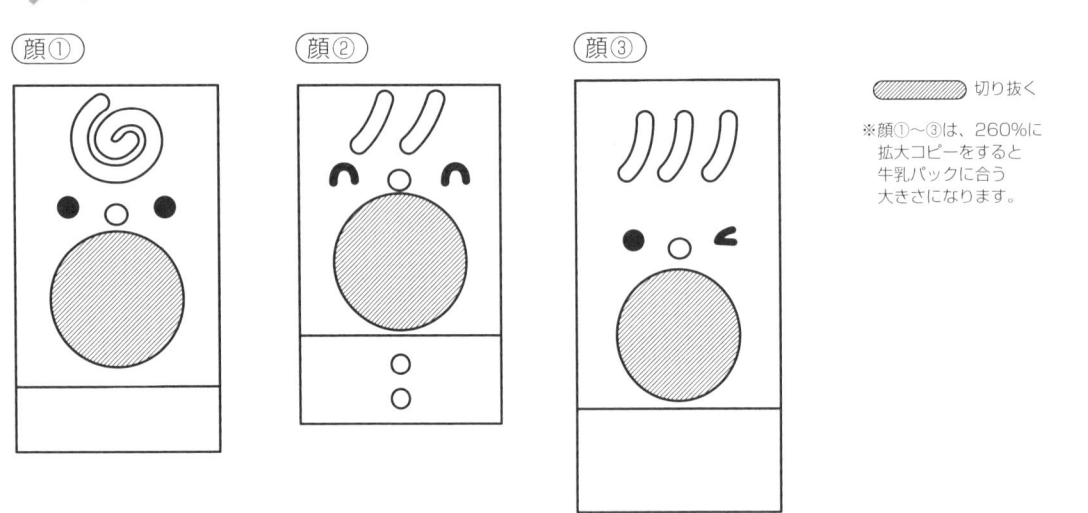

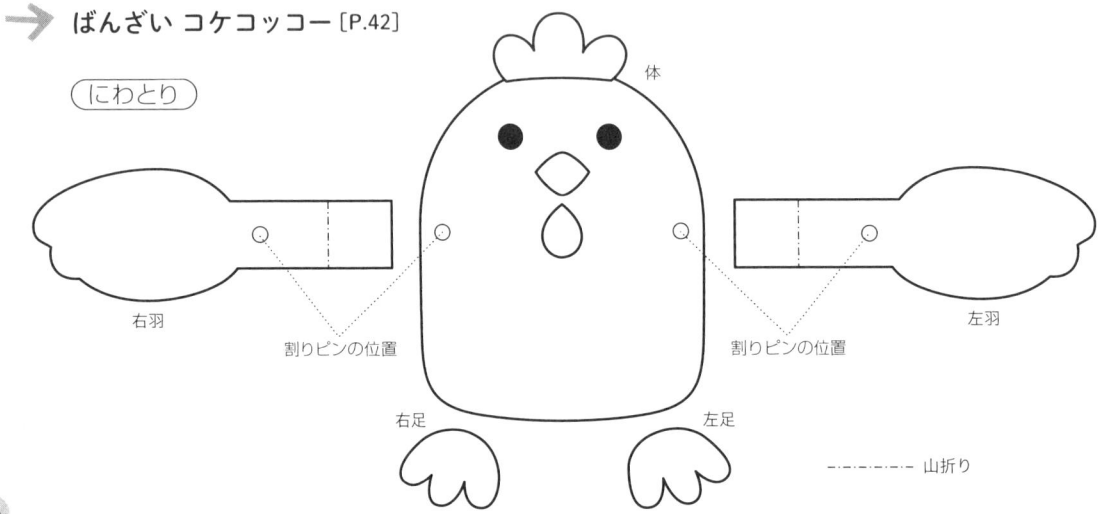

(顔①)　(顔②)　(顔③)

切り抜く

※顔①〜③は、260%に拡大コピーをすると牛乳パックに合う大きさになります。

→ ばんざい コケコッコー [P.42]

(にわとり)

体
右羽　左羽
割りピンの位置　割りピンの位置
右足　左足

-・-・- 山折り

このメッセージが見えるまで開くときれいにコピーすることができます。

86

このメッセージが見えるまで開くときれいにコピーすることができます。

たまごの中からこんにちは [P.44]

ひよこの卵

※ひよこの卵は、ひよこ①②とも共通です。

ひよこ①
顔／右羽／左羽／右足／左足／体

ひよこ②
顔
※体、羽、足は、ひよこ①と共通です。

恐竜の卵

恐竜
顔／右手／左手／右足／左足／体／尾

お出かけバス [P.49]

バス側面 ※反対側は、反転コピーをしてください。

タイヤ

バス前面

おはなしクルクル [P.46]

ベース

※おはなしクルクルは、400％に拡大コピーをしてください。ベースは縫いしろ1〜1.5cmを加えて裁ちます。

綿ロープを挟んで縫う

綿ロープを挟んで縫う

綿ロープを縫い付ける

87

水のタペストリー [P.52]

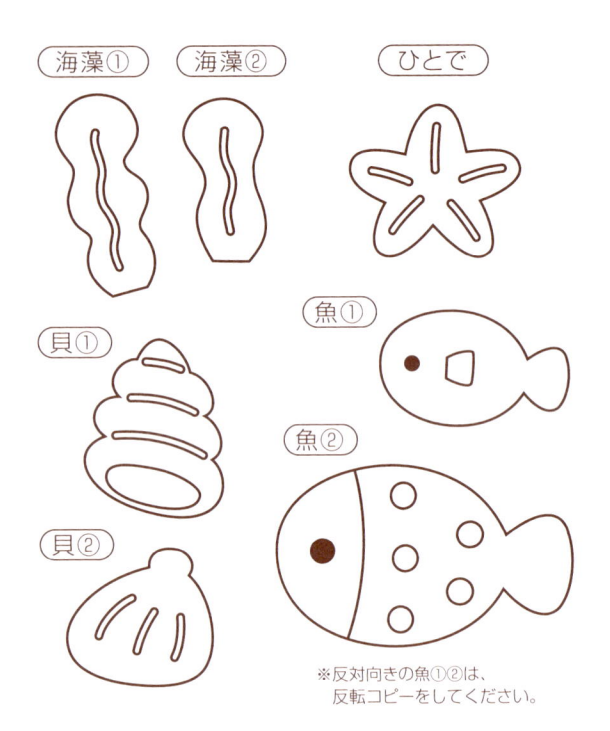

海藻① 海藻② ひとで

貝①

魚①

貝②

魚②

※反対向きの魚①②は、
反転コピーをしてください。

夏のホースライオン [P.54]

ライオン

右耳 左耳

顔

※ライオンは、400％に
拡大コピーをすると
ちょうどよい大きさになります。

プカプカお魚カプセル [P.55]

たこ

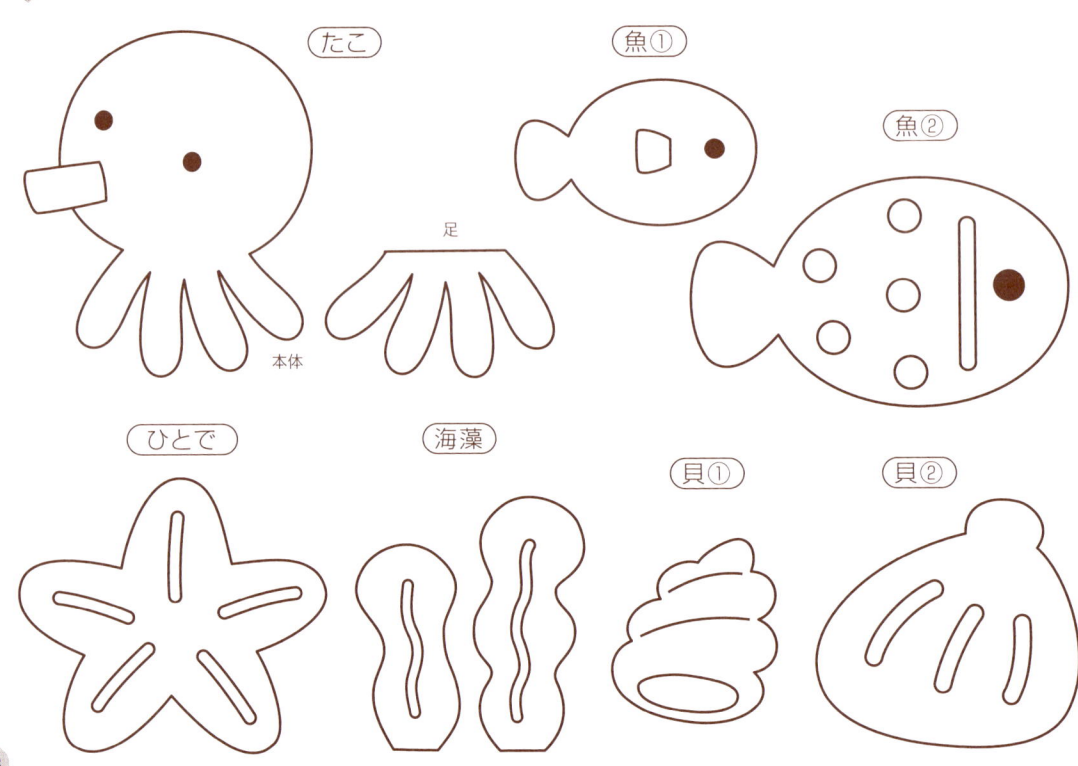

魚①

魚②

足

本体

ひとで 海藻 貝① 貝②

このメッセージが見えるまで開くときれいにコピーすることができます。

88

わくわくお弁当 [P.56]

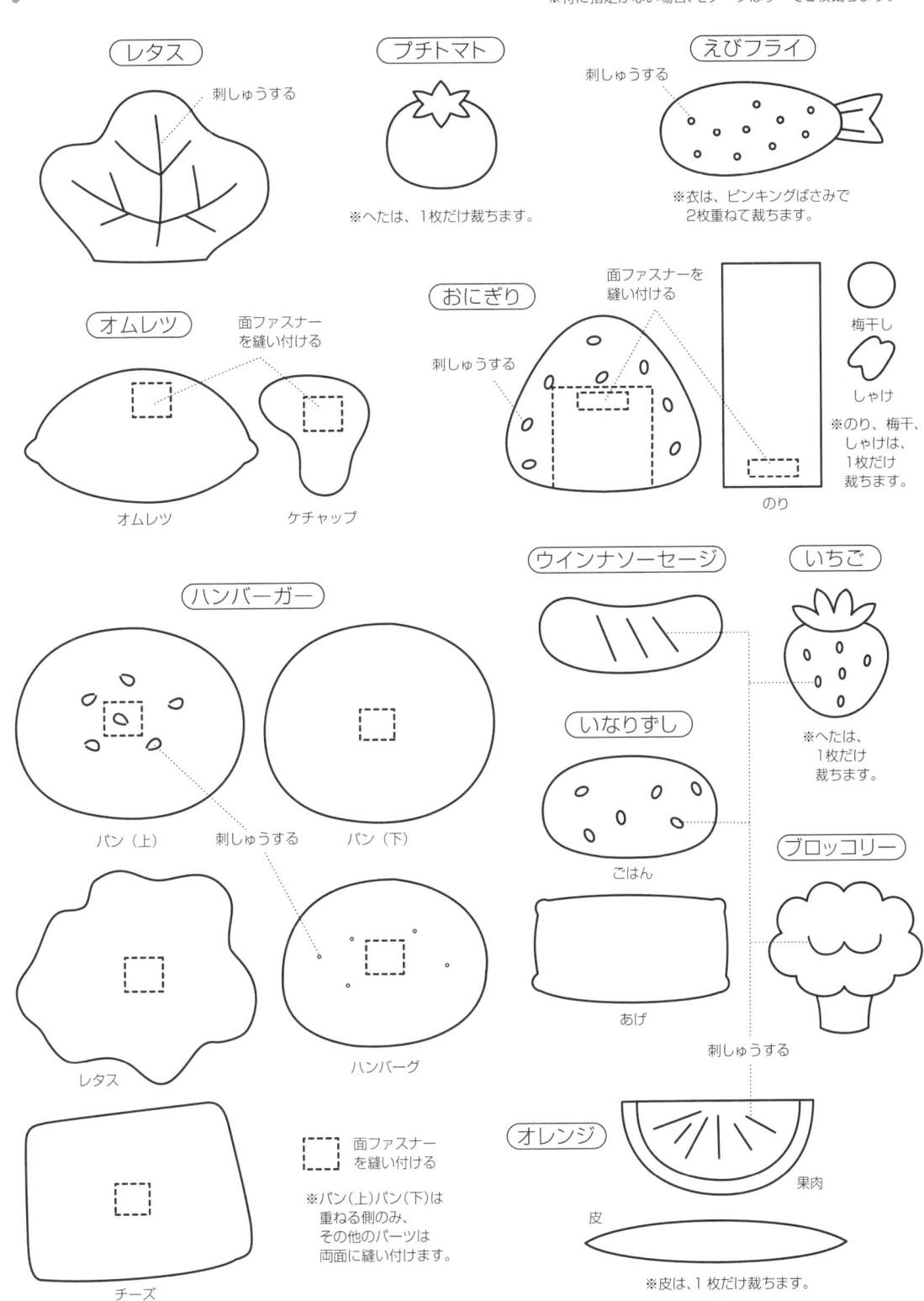

※特に指定がない場合、モチーフはすべて2枚裁ちます。

レタス — 刺しゅうする

プチトマト — ※へたは、1枚だけ裁ちます。

えびフライ — 刺しゅうする
※衣は、ピンキングばさみで2枚重ねて裁ちます。

オムレツ — 面ファスナーを縫い付ける
オムレツ／ケチャップ

おにぎり — 刺しゅうする／面ファスナーを縫い付ける／のり／梅干し／しゃけ
※のり、梅干、しゃけは、1枚だけ裁ちます。

ハンバーガー
パン（上）／刺しゅうする／パン（下）
レタス／ハンバーグ
チーズ

□ 面ファスナーを縫い付ける
※パン（上）パン（下）は、重ねる側のみ、その他のパーツは両面に縫い付けます。

ウインナソーセージ

いなりずし — ごはん／あげ

いちご
※へたは、1枚だけ裁ちます。

ブロッコリー — 刺しゅうする

オレンジ — 果肉／皮
※皮は、1枚だけ裁ちます。

このメッセージが見えるまで開くときれいにコピーすることができます。

89

くるくるのり巻き [P.58]

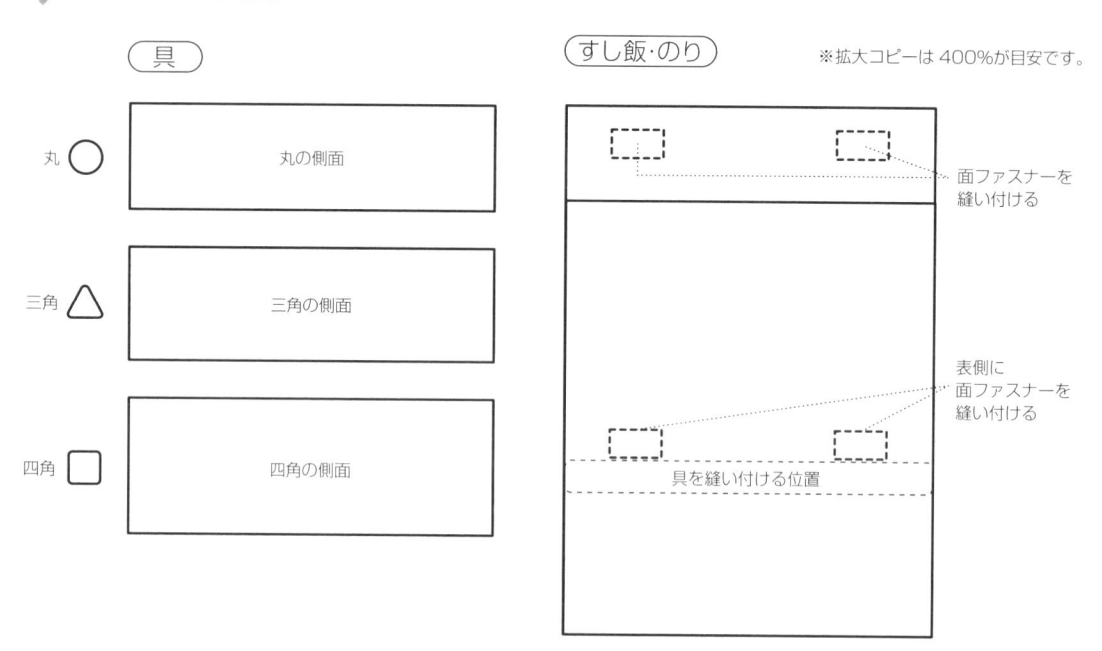

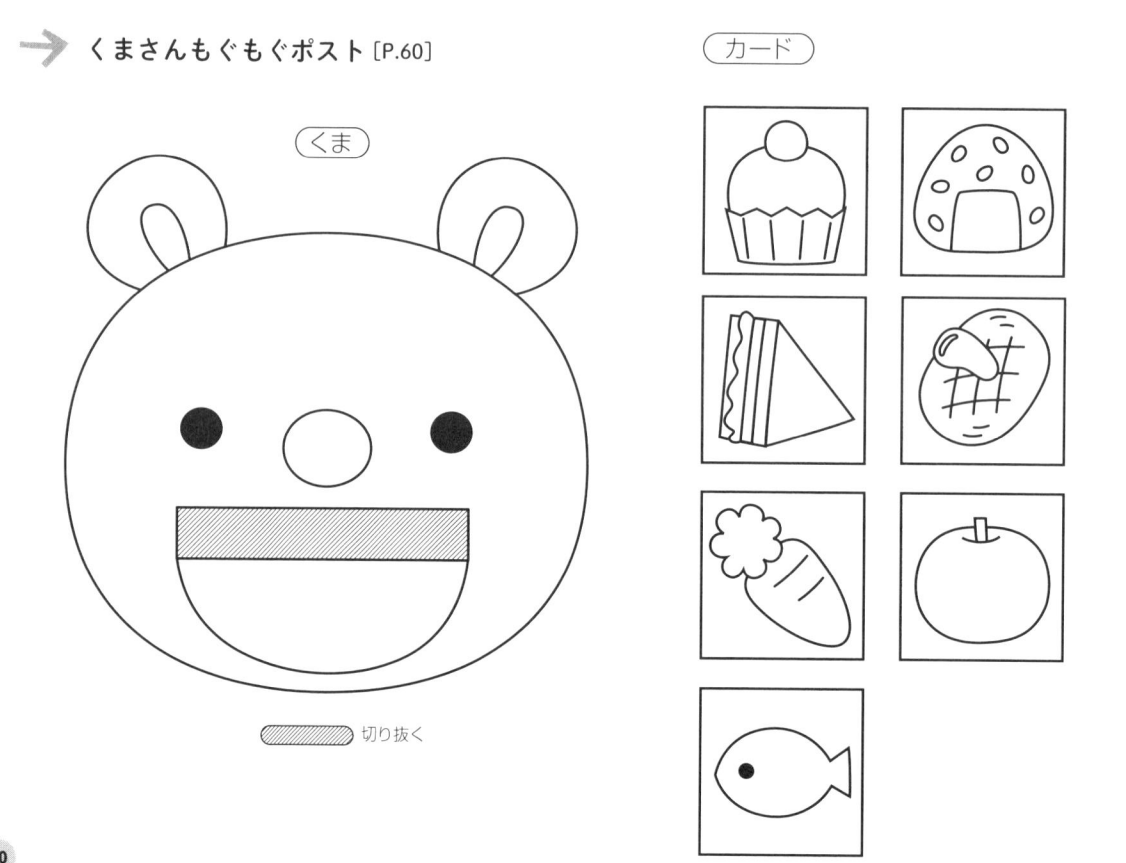

(具)

- 丸：丸の側面
- 三角：三角の側面
- 四角：四角の側面

(すし飯・のり) ※拡大コピーは400％が目安です。

面ファスナーを縫い付ける

表側に面ファスナーを縫い付ける

具を縫い付ける位置

くまさんもぐもぐポスト [P.60]

(くま)

切り抜く

(カード)

このメッセージが見えるまで開くときれいにコピーすることができます。

まめまめ5兄弟 [P.62]

豆①
豆②
豆③
豆④
豆⑤
さや

このメッセージが見えるまで開くときれいにコピーすることができます。

※さやの反対側は、反転コピーをしてください。
フェルトを2枚貼り合わせて厚みを出すため、
それぞれ2枚ずつ裁ちます。

すいすいドーナツ通し [P.64]

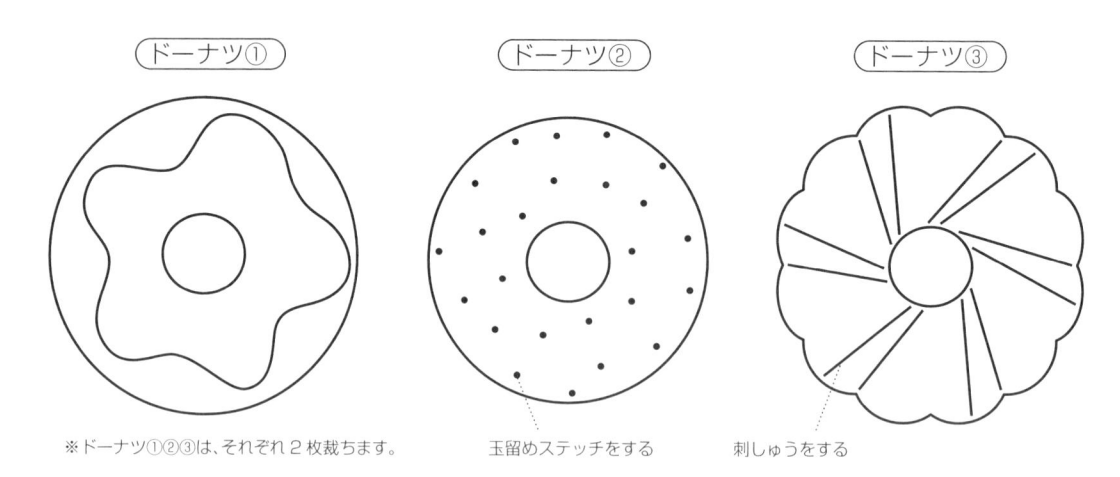

(ドーナツ①)　(ドーナツ②)　(ドーナツ③)

※ドーナツ①②③は、それぞれ2枚裁ちます。

玉留めステッチをする

刺しゅうをする

コロコロ絵合わせパズル [P.66]

(うさぎ)　(花)　(ケーキ)

(船)　(くま)　(車)

※コロコロ絵合わせパズルは、350%に拡大コピーをすると牛乳パックに合う大きさになります。

このメッセージが見えるまで開くときれいにコピーすることができます。

92

➡ **かたちにペタリパズル** [P.68]

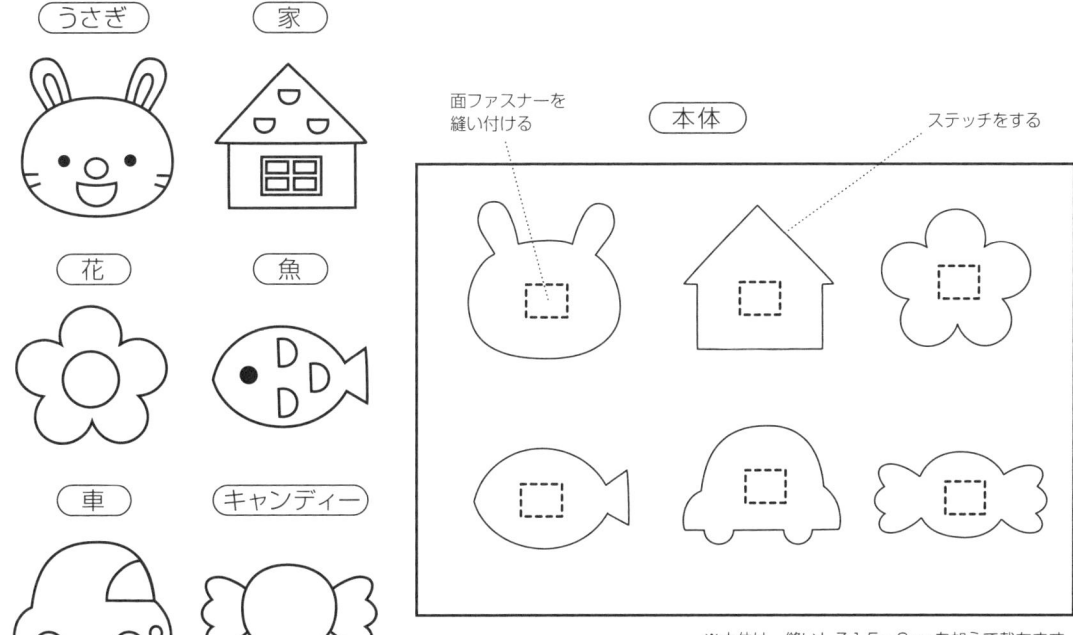

うさぎ　家
花　魚
車　キャンディー

面ファスナーを縫い付ける　本体　ステッチをする

※本体は、縫いしろ1.5～2cmを加えて裁ちます。

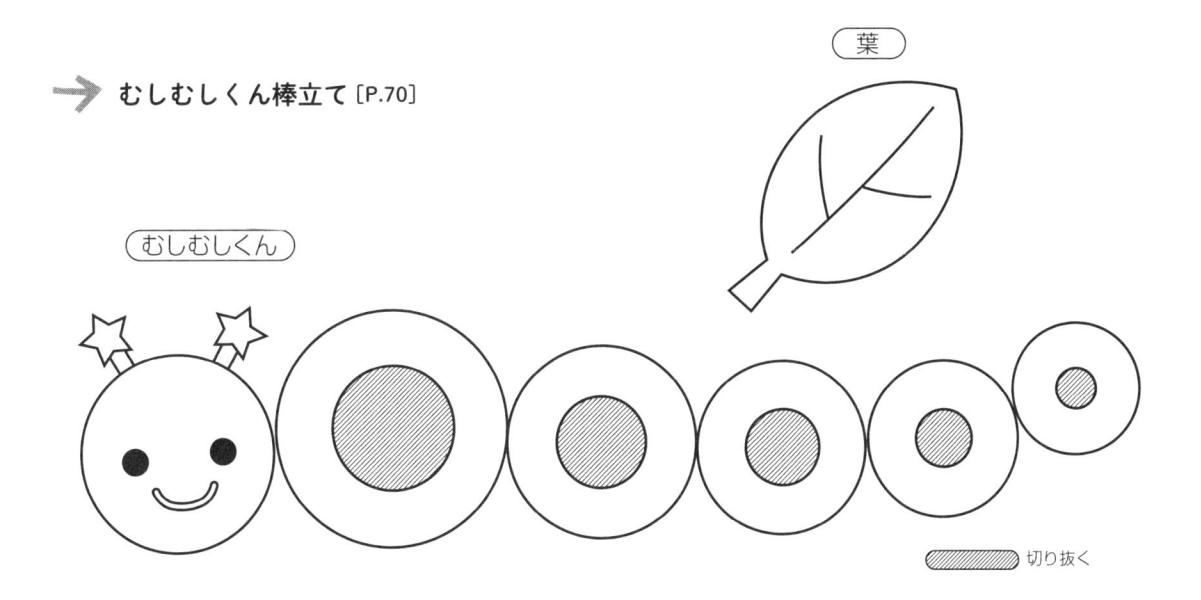

➡ **むしむしくん棒立て** [P.70]

葉

むしむしくん

切り抜く

にこにこくるりん [P.71]

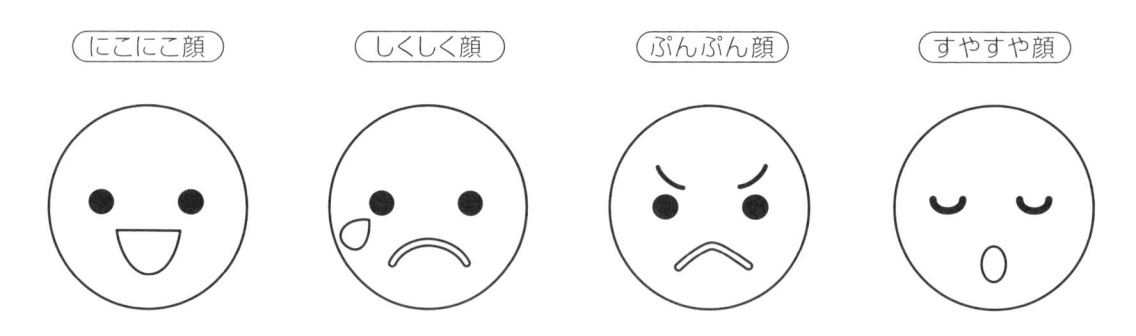

(にこにこ顔) (しくしく顔) (ぷんぷん顔) (すやすや顔)

わくわくガスレンジ [P.74]

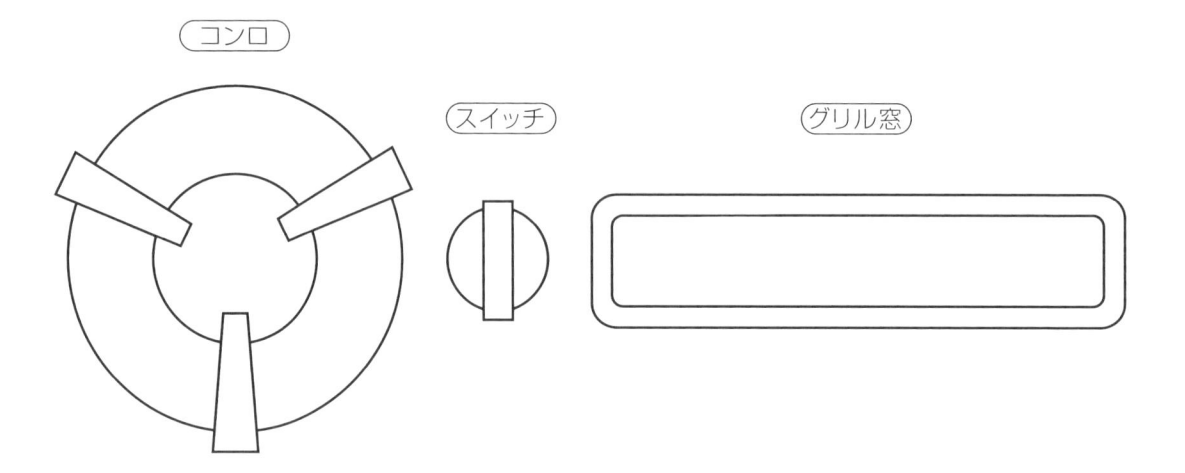

(コンロ) (スイッチ) (グリル窓)

ふんわりお布団&おくるみ [P.77]

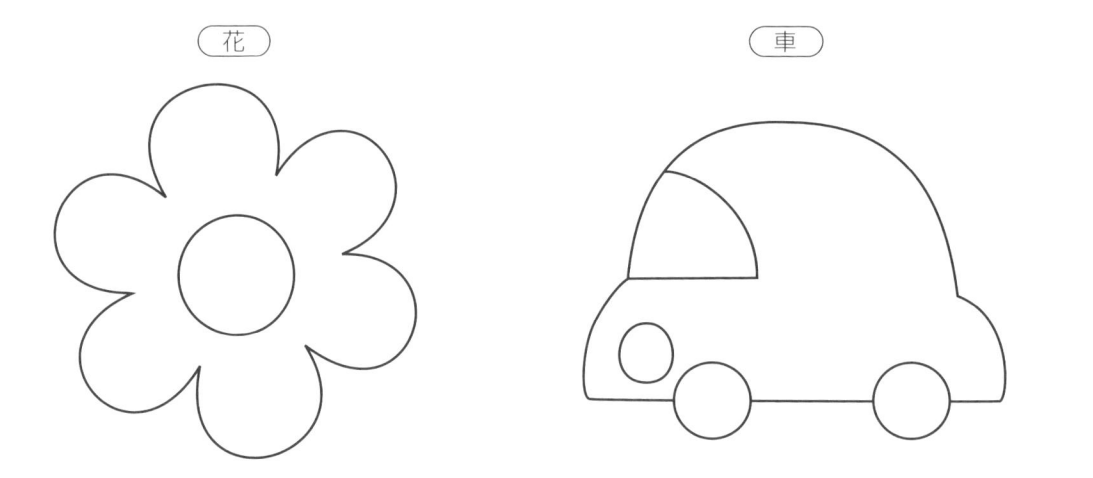

(花) (車)

このメッセージが見えるまで開くときれいにコピーすることができます。

94

➡ **お散歩マイバッグ** [P.78]

マーク

うさぎ　くま

模様

フェルト　底

本体

厚紙

縫いしろ

※拡大コピーは400%が目安です。

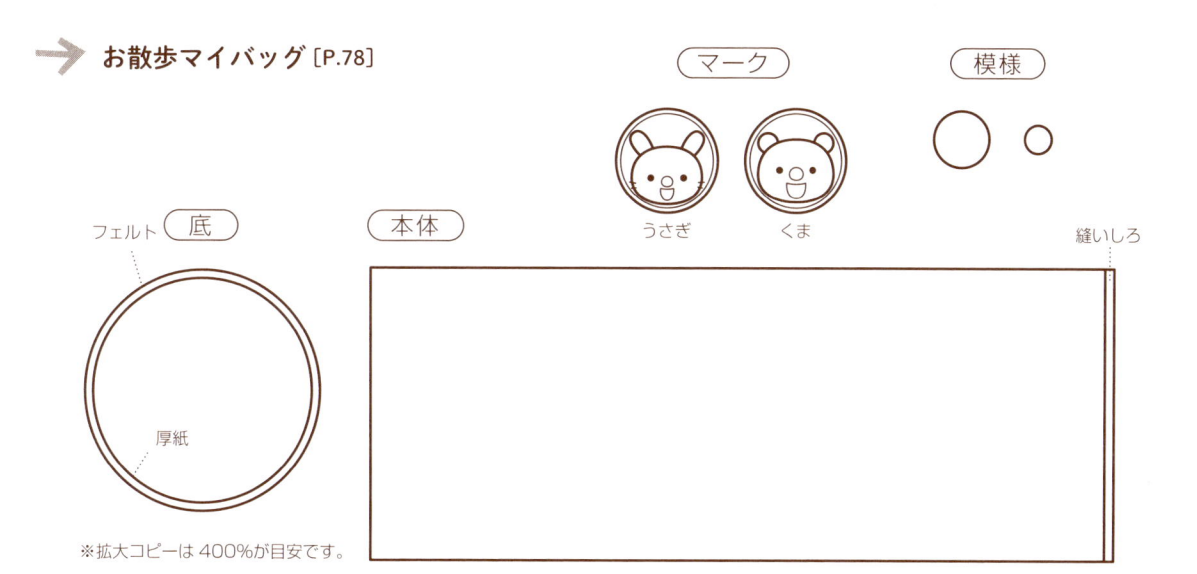

➡ **もしもしスマートフォン** [P.79]

スマートフォン

くまの画面　ボタン

うさぎの画面　ボタン

このメッセージが見えるまで開くときれいにコピーすることができます。

95

ポットブックス
0・1・2歳児の たのしい手作りおもちゃ

2015年11月　初版第1刷発行
2019年1月　　第4刷発行

著　者　　横山洋子　いとう・なつこ
発行人　　村野芳雄
発行所　　株式会社チャイルド本社
　　　　　〒112-8512　東京都文京区小石川5-24-21
電　話　　03-3813-2141（営業）
　　　　　03-3813-9445（編集）
振　替　　00100-4-38410
印刷・製本　共同印刷株式会社

STAFF
ブックデザイン　野島禎三（ユカデザイン）
撮　影　　小山志麻　安田仁志
モデル協力　有限会社クレヨン
本文校正　有限会社くすのき舎
編集協力　おおしだいちこ
編　集　　石山哲郎　井上淳子

著者紹介　横山洋子
千葉経済大学短期大学部こども学科教授。国立大学附属幼稚園などでの保育経験を経て、現在保育者の養成に携わる。「月齢別 赤ちゃんの よろこぶあそび110」（チャイルド本社）ほか著書多数。

製作・本文イラスト　いとう・なつこ
文具デザイナーを経てフリーイラストレーターに。イラストのほか、フェルトを使ったクラフトも多く手がける。

©Yoko Yokoyama, Natsuko Ito 2015. Printed in Japan
ISBN　978-4-8054-0239-9
NDC376　24×19cm　96P

■乱丁・落丁本はお取り替えいたします。
■本書の型紙以外のページを無断で複写複製することは、法律で認められた場合を除き、著作権者及び出版社の権利の侵害となりますので、その場合は予め小社宛て許諾を求めてください。

チャイルド本社ホームページ　→ http://www.childbook.co.jp/

本書の型紙は、園や学校、家庭などにて個人または園用に製作してお使いいただくことを目的としています。本書を使用して製作されたものを第三者に販売することはできません。また、型紙以外のページをコピーして販売することは、著作権者および出版社の権利の侵害となりますので、固くお断りいたします。